Q&Aでわかる 監査法人対応のコツ

日本マネジメント税理士法人
公認会計士・税理士
新名 貴則 著

税務経理協会

はじめに

　監査法人対応に「上手い」「下手」なんてあるでしょうか？私は……「ある」と思います。
　私は旧公認会計士2次試験に合格して監査法人に就職してから、様々な会社にお伺いする機会を得ました。その中には色々なタイプの会社がありました。例えば、
- 経理部のレベルも高く、監査法人への対応もソツがない会社
- 経理部のレベルは高いし対応も丁寧だが、腹の底で何を考えているか見えない会社
- 丁寧に対応してくれるが、残念ながら経理部のレベルはそれほど高くない会社
- 必要最低限のことだけ対応してくれるドライな会社
- 監査法人なんて下請け業者くらいに思っている会社

などなど。中には、そこらの会計士よりずっと知識も経験も豊富な経理部員が揃っている会社もありましたし、こちらの依頼事項に迅速・丁寧に対応してくれる会社もありました。ただ、「レベル高いな」と思うことはあっても、対応が「上手いな」「下手だな」などと思うことはなかったように思います。
　そんなある日、とある会社を担当するようになって、ハッとさせられました。その会社は経理部のレベルが高くて対応も丁寧だけではなく、全般に積極的で協力的でした。例えば
- 依頼した資料をすぐ用意してくれるだけではなく、監査に必要だろうと思われる資料一式をファイリングして先に用意してくれている
- 何かトピックがあれば、会計処理の方針をきちんと整理し、根拠資料や他社事例を揃えて適時に相談してくる
- 重要な案件であるほど、監査法人の上役まで巻き込んだミーティングを会社の方からセッティングしてくる

などなど。しっかりと監査法人からの信頼を得ていました。だからといって監査法人の言いなりになっているわけでは決してなく、主張すべきことはしっかりと主張していました。会社を100％信頼してしまうのなら監査など要らないので、監査法人としても会社の主張を検討するのですが、「根拠もあって内容はおかしくないし、あの会社はそんなにおかしなことは言わない」と会社の主張が通ることが多かったです。

その会社を見ていて、監査法人対応にも「上手い」「下手」があると気付かされました。そして、他の会社でもこういう監査法人対応をできたら、会社のためにも監査法人のためにもなるだろうなと思ったのです。

最近は会社と監査法人の関係も、独立性の確保が厳しく要求されるようになって、「監査する側」「される側」という機械的な関係になっているように思えてなりません。ちょっと大袈裟ですが、そこに人間的な関係など不要であると言わんばかりで心配です。

本書は、そんな状況を少しでも変えることができたら、と思って書きました。本書がきっかけとなって、一つでも多くの会社が監査法人と良好な関係を築き、効率的かつ効果的な監査が実践されることを願っています。

平成24年2月15日

公認会計士・税理士　　新名　貴則

Contents

はじめに

序章　監査の基本知識

第1章　監査法人対応の基本事項

Question 01	そもそも監査法人とは、どのような組織ですか？ ……………… 10
Question 02	なぜ監査法人または公認会計士の監査を受けなければならないのですか？ …………………………………………… 12
Question 03	監査手続の年間スケジュールはどのようなものですか？ ……… 15
Question 04	金融商品取引法監査と会社法監査とはどのように違うのですか？ ……………………………………… 18
Question 05	四半期レビューと年度末の財務諸表監査とはどのように違うのですか？ ……………………………………… 20
Question 06	監査人（会計監査人）の監査と監査役の監査とはどう違うのですか？ ………………………………………………… 22
Question 07	監査人の監査と税務調査とはどう違うのですか？ ……………… 25
Question 08	監査報告書はどのようにして作成されますか？また、監査報告書の内容によってどのような問題が生じる可能性があるのでしょうか？ ……………………………… 28
Question 09	監査人とはどのような関係を構築するべきですか？ …………… 31
Question 10	なぜ監査人側の担当者が頻繁に変わるのですか？そのたびに同じ説明を繰り返さないといけないなど、手間がかかるのですが。 ………………………………………… 35
Question 11	監査人に帳簿記入や決算作業を手伝ってもらうことはできないのですか？ ……………………………………………… 39

| Question 12 | 監査報酬はどのようにして決められるのですか？ ………………41 |

| COLUMN 1 | 「監査の限界　オリンパス事件に関して思うこと」………………43 |

第2章　期中監査の監査対応

Question 13	監査手続全体の中での期中監査の意味合いを教えてください。………48
Question 14	固定資産の取得、除売却の取引について 根拠資料の依頼を受けましたが、どのような資料を 提出すれば良いのでしょうか？ ………………51
Question 15	有価証券の取得、売却の取引について 根拠資料の依頼を受けましたが、どのような資料を 提出すれば良いのでしょうか？ ………………55
Question 16	新規の貸付金、貸付金の回収について 根拠資料の依頼を受けましたが、どのような資料を 提出すれば良いのでしょうか？ ………………58
Question 17	新規の借入金、借入金の返済について 根拠資料の依頼を受けましたが、どのような資料を 提出すれば良いのでしょうか？ ………………60
Question 18	売上取引について根拠資料の依頼を受けましたが、 どのような資料を提出すれば良いのでしょうか？ ………………62
Question 19	仕入取引について根拠資料の依頼を受けましたが、 どのような資料を提出すれば良いのでしょうか？ ………………66
Question 20	監査人が必ず決裁書や取締役会・株主総会議事録に 目を通すのはなぜですか？ ………………68
Question 21	工場や支店に監査人が来るのですが、 どのように対応すれば良いのでしょうか？ ………………70

| COLUMN 2 | 「公認会計士と税理士ってどう違うの？」………………74 |

第3章 期末監査の監査対応【資産項目】

Question 22 監査手続全体の中での期末監査の意味合いを教えてください。……76

Question 23 資産項目の監査手続を実施するにあたって、監査人が重視するポイントは何ですか？ ……79

Question 24 現金と預金の実査のために監査人が来るのですが、どのように対応すれば良いのですか？ ……81

Question 25 預金の残高確認状の担当になったのですが、どのように対応すれば良いのですか？ ……84

Question 26 売掛金の残高確認状の担当になったのですが、のように対応すれば良いのですか？ ……87

Question 27 売上債権の滞留状況について質問されるのですが、どのように対応すれば良いのですか？ ……90

Question 28 たな卸資産の実地棚卸の現場に監査人が立ち会いに来るのですが、どのように対応すれば良いのですか？ ……92

Question 29 会社外部の倉庫に保管しているたな卸資産があるのですが、あえて監査人に報告する必要がありますか？ ……95

Question 30 固定資産の減損について根拠資料の依頼を受けましたが、どのような資料を提出すれば良いのでしょうか？ ……96

Question 31 有価証券の期末評価について根拠資料の依頼を受けましたが、どのような資料を提出すれば良いのでしょうか？ ……98

Question 32 貸付金の期末評価について根拠資料の依頼を受けましたが、どのような資料を提出すれば良いのでしょうか？ ……100

Question 33 税効果会計（繰延税金資産・負債、法人税等調整額）について根拠資料の依頼を受けましたが、どのような資料を提出すれば良いのでしょうか？ ……102

COLUMN 3 「残高確認こぼれ話」 ……105

第4章 期末監査の監査対応【負債・純資産項目】

Question 34	負債・純資産項目の監査手続を実施するにあたって、監査人が重視するポイントは何ですか？ ……………………108
Question 35	買掛金の残高確認状の担当になったのですが、どのように対応すれば良いのですか？ ………………………110
Question 36	債務の滞留状況について質問されるのですが、どのように対応すれば良いのですか？ ………………………113
Question 37	借入金の残高確認状の担当になったのですが、どのように対応すれば良いのですか？ ………………………115
Question 38	貸倒引当金の算定根拠について根拠資料の依頼を受けましたが、どのような資料を提出すれば良いのでしょうか？ …………119
Question 39	賞与引当金の算定根拠について根拠資料の依頼を受けましたが、どのような資料を提出すれば良いのでしょうか？ …………122
Question 40	退職給付引当金の算定根拠について根拠資料の依頼を受けましたが、どのような資料を提出すれば良いのでしょうか？ ……………………………………………124
Question 41	資本金および資本剰余金の残高について根拠資料の依頼を受けましたが、どのような資料を提出すれば良いのでしょうか？ ……………………………………127
COLUMN 4	「棚卸立会のススメ」………………………………………129

第5章 期末監査の監査対応【損益項目】

Question 42	損益項目の監査手続を実施するにあたって、監査人が重視するポイントは何ですか？ ……………………132
Question 43	売上高全般の分析用資料の依頼を受けましたが、どのような資料を提出すれば良いのでしょうか？ ……………134
Question 44	売上取引のカットオフ資料について根拠資料の依頼を受けましたが、どのような資料を提出すれば良いのでしょうか？ ……………………………………………136

Question 45	売上原価全般の分析用資料の依頼を受けましたが、どのような資料を提出すれば良いのでしょうか？	141
Question 46	仕入取引のカットオフ手続について根拠資料の依頼を受けましたが、どのような資料を提出すれば良いのでしょうか？	143
Question 47	販売費及び一般管理費（以下、販管費）全般の分析用資料の依頼を受けましたが、どのような資料を提出すれば良いのでしょうか？	145
Question 48	営業外損益・特別損益項目の担当になったのですが、どのように監査人の対応をすれば良いですか？	147
Question 49	法人税、住民税及び事業税（以下、法人税等追徴額や法人税等還付額などの勘定科目も含めて「法人税等」とします）について根拠資料の依頼を受けましたが、どのような資料を提出すれば良いのでしょうか？	150
COLUMN 5	「独立性の確保」	153

第6章　内部統制監査の監査対応

Question 50	内部統制監査と財務諸表監査の関係を教えてください。	156
Question 51	会社（経営者）による内部統制の評価手続と、監査人による内部統制の評価手続はどのような関係ですか？	161
Question 52	全社的な内部統制の監査手続については、どのように対応すれば良いのですか？	164
Question 53	決算・財務報告プロセスに係る内部統制の監査手続については、どのように対応すれば良いのですか？	166
Question 54	販売管理プロセスに係る内部統制の監査手続については、どのように対応すれば良いのですか？	168
Question 55	購買・在庫管理プロセスに係る内部統制の監査手続については、どのように対応すれば良いのですか？	171
Question 56	固定資産管理プロセスに係る内部統制の監査手続については、どのように対応すれば良いのですか？	174

| Question 57 | 内部統制の評価において不備が発見された場合、どのような対応が必要になりますか? | 177 |

COLUMN 6 「会計士同士の衝突」………………………………………179

第7章 個別事項の監査対応

| Question 58 | 連結財務諸表の監査には、どのように対応すれば良いのですか? | 182 |

| Question 59 | 連結監査の一環で監査人が連結子会社に監査に来るのですが、どのように対応すれば良いのですか? | 186 |

| Question 60 | 会計処理で意見が分かれる可能性がある事象が生じたのですが、監査人に報告した方が良いですか? それとも見付かるまで黙っておいた方が良いですか? | 188 |

| Question 61 | 会計士によって違う意見を言うことがあるのですが、なぜですか? | 191 |

| Question 62 | 重要性の基準値という言葉をよく聞くのですが、どのようなものなのでしょうか? | 193 |

| Question 63 | 「審査部門がNoと言っているので認められない」と監査人に言われたのですが、どういうことなのでしょうか? | 196 |

COLUMN 7 「会計士と出張」………………………………………198

序章
監査の基本知識

「監査人の監査にどのように対応するのが望ましいのか？」ということが本書のメインテーマです。このことについて第1章より解説をしていきますが、まずはその前提として知っておいた方が良い基本知識について触れておきます。

序章　監査の基本知識

―はじめに――――――――――――――――――――――――――

　監査法人は、よくわからない専門用語を連発して、目的のよくわからない様々な根拠資料の提出を求めてくる…

　そう感じている経理担当者は少なくないのではないでしょうか。

　毎年監査法人に対応している経理担当者であれば、

- 監査法人の監査というものの性格がわからないので、どのようなスタンスで対応したら良いのかわからない（税務調査のように必要最低限のもの以外は提示しない方がよい？）
- 問題点を発見した場合は監査法人に積極的に伝えるべき？　また、伝えるならどのように伝える？
- 会計処理について早くから監査法人に相談し、承認を取り付けていたにもかかわらず、決算ギリギリの時期になって承認を撤回された。なぜこんなことが起きるのか？
- なぜ毎年毎年同じことの説明を繰り返し要求してくるのか？

など具体的な疑問や不満をお持ちかもしれません。

　本書には、こういった疑問を一つ一つ解決し、監査法人対応が面倒なだけの仕事ではなく、効率的で会社に役立つものに変えるヒントが数多くちりばめられています。

　また、「買収され上場会社の子会社になった」「負債が膨れて200億円以上になった」「前回の役員会で株式上場を目指すことが決まった」等の理由で、はじめて監査される会社の経理担当者にとっては、

　① 　そもそも監査ってなんだろう？
　② 　公認会計士や監査法人って何をする人たちなんだろう？
　③ 　監査手続って何をするものなんだろう？
　④ 　監査法人の要求にどう応えたらいいんだろう？

といったもっと根本的な疑問を抱いているかもしれません。

序章　監査の基本知識

　第1章以降で、基本的な疑問から具体的に解説をしていきますが、まずはここで、基本を確認し、本書の扱う領域について確認しておきましょう。

① 監査って何だろう？

正確に表現すると

> 特定の経済主体における経済活動とその結果について、それに関与しない第三者が、その正確性、適正性あるいは妥当性などを判断し、その者の責任において意見を表明すること

となりますが、簡単に言えば、企業の経済活動について第三者がチェックし、その結果として意見を表明することになります。

　その中でも、監査人が会社の財務諸表が適正に作られているかどうかチェックして意見表明することを、財務諸表監査といいます。財務諸表監査について言えば、財務諸表の利用者である投資家に対して、会社が作成した財務諸表が一定の品質水準を満たした適正なものであることを、第三者の立場から保証するわけです。監査が行われているからこそ、投資家は安心して財務諸表を信頼し、利用できることになります。

　また、上場会社の財務諸表監査には、計算書類等をチェックする「会社法監査」と、有価証券報告書などに記載する財務諸表をチェックする「金融商品取引法監査」がありますが、監査法人の行う手続としては、ほとんど区別はありません。しかしこの二つの財務諸表監査は、対象となる書類が違いますし、その監査の対象となる会社の範囲も違います。また、金融商品取引法監査には、財務諸表監査だけでなく内部統制監査もあります。

　それぞれの細かな説明は以下のとおりです。

・会社法監査

内　容	会社法の定めにより、株主総会に提出される連結計算書類や計算書類等が、適正に作成されているかどうかを監査します。
対象会社	・資本金5億円以上または負債総額200億円以上の大会社 ・任意で会計監査人を選任している会社

対象書類	・計算書類等 ◇貸借対照表、損益計算書、株主資本等変動計算書、個別注記表（以上、計算書類）、計算書類の附属明細書 ・連結計算書類 ◇連結貸借対照表、連結損益計算書、連結株主資本等変動計算書、連結注記表 ・臨時計算書類 ◇臨時貸借対照表、臨時損益計算書

会社法監査には会計監査と業務監査があり、監査人は会計監査を担当し、これに対して監査役は主に業務監査を担当します。

会計監査	計算書類等が一般に公正妥当と認められる企業会計の基準に準拠して適正に作成されているかどうかを監査します。
業務監査	事業報告等が適正に作成されているかどうか、取締役の会計以外の職務執行に不正や違法行為などがないかどうか、などを監査します。

・金融商品取引法監査

内容	金融商品取引法の定めにより、有価証券報告書に記載される連結財務諸表・財務諸表・内部統制報告書や、四半期報告書に記載される四半期連結財務諸表などが、適正に作成されているかどうかを監査します。
対象会社	・上場有価証券の発行会社（上場会社） ・上記に準ずる有価証券の発行会社（店頭売買有価証券の発行会社） ・発行総額1億円以上の有価証券の募集・売出を行う会社（有価証券届出書の提出会社） ・当期含む5期間のいずれかの末日時点での保有者が500名以上の有価証券の発行会社
対象書類	・財務諸表 ◇貸借対照表、損益計算書、株主資本等変動計算書、附属明細表 ・連結財務諸表 ◇連結貸借対照表、連結損益計算書、連結包括利益計算書、連結株主資本等変動計算書、連結キャッシュフロー計算書、連結附属明細表 ・四半期連結財務諸表 ◇四半期連結貸借対照表、四半期連結損益計算書、四半期連結包括利益計算書、四半期連結キャッシュ・フロー計算書 ・内部統制報告書 その他（中間財務諸表など）

序章　監査の基本知識

金融商品取引法監査には、財務諸表監査と内部統制監査が含まれます。

財務諸表監査	会社の作成する財務諸表が、一般に公正妥当と認められる企業会計の基準に準拠して適正に作成されているかどうかを監査します。
内部統制監査	会社の作成する内部統制報告書が、一般に公正妥当と認められる財務報告に係る内部統制の評価の基準に準拠して適正に作成されているかどうかを監査します。

【法定監査と本書での対象のイメージ】

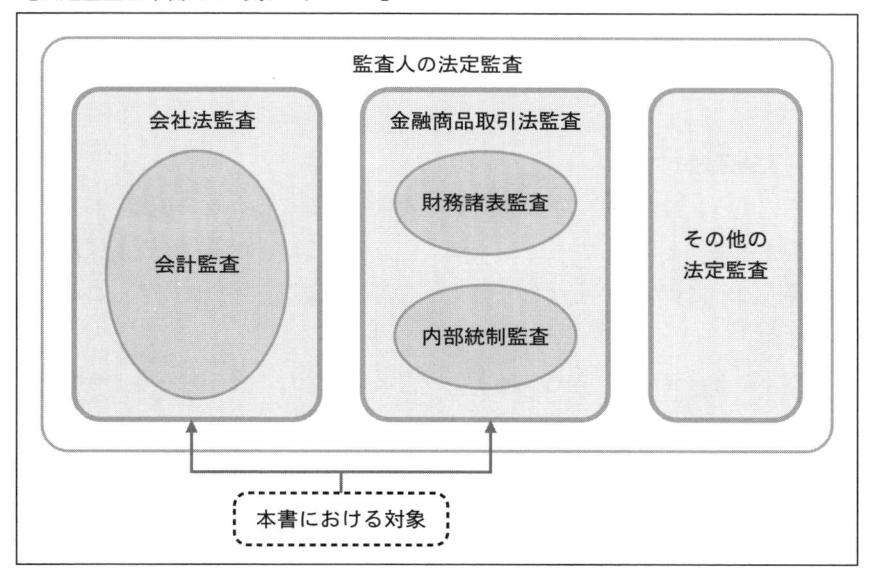

```
┌─────────────────────────────────────────┐
│         監査人の法定監査                 │
│  ┌──────┐ ┌──────────┐ ┌──────┐         │
│  │会社法監査│ │金融商品取引法監査│ │      │         │
│  │      │ │ ┌──────┐ │ │その他の│         │
│  │ 会計監査│ │ │財務諸表監査│ │ │法定監査│         │
│  │      │ │ └──────┘ │ │      │         │
│  │      │ │ ┌──────┐ │ │      │         │
│  │      │ │ │内部統制監査│ │ │      │         │
│  │      │ │ └──────┘ │ │      │         │
│  └──────┘ └──────────┘ └──────┘         │
└─────────────────────────────────────────┘
         ↑         ↑
      ┌─────────────────┐
      │  本書における対象  │
      └─────────────────┘
```

②　公認会計士、監査法人って？

　公認会計士という資格をご存じでしょうか。経済学部や商学部出身の方なら、身近に会計士の資格試験を受けている人をご存じかもしれませんが、そうでない方にはあまり馴染みのない資格かもしれません。

　公認会計士は、「報酬を貰って財務諸表の監査または証明を行う、会計の専門家」です。とはいえ監査業務ばかりをしているわけではなくて、その他にも

会計の専門家として、財務諸表の作成業務、株価算定業務、上場準備支援業務など、様々な業務を行っています。

財務諸表の作成や上場支援などは、資格がなくてもできますが、財務諸表の監査証明は公認会計士だけができる独占業務です。したがって、会社法監査や金融商品取引法監査は、公認会計士または監査法人以外の者が監査人になることはできません。

なお、監査法人とは「大会社に対して組織的に監査を行うために、公認会計士が5人以上集まって作る会社」のことです。今後、「監査人」と記載されていれば基本的に監査法人をイメージしていると理解して下さい。また、必要に応じてあえて「監査法人」と記載している箇所もあります。

③　監査手続って？

監査人から、監査手続に必要な資料を要求されることがあると思います。この「監査手続」とは何なのでしょうか。監査手続とは、正確にいうと『監査人が入手した証拠資料に対して監査技術を適用し、監査証拠を形成すること』になります。

監査手続とは異なり、監査技術という言葉を聞いたことのある方はそれほど多くないでしょう。ここで言う監査技術とは「実査・立会・確認など、監査人が行う手続」のことです（具体的には次頁の一覧表にまとめてあります）。監査手続と監査技術は、正確には異なる概念ですが、実務上は両者を区別することなく、まとめて「監査手続」と呼ぶことが多いようです。

※　本書において監査手続と表現する場合にも、正確には監査技術を指す場合があります。

序章　監査の基本知識

代表的な監査技術は以下のとおりです。

監査技術	内　容
実　査	現金、有価証券などの資産の実物を、監査人自らが実際に確認すること
立　会	会社が行うたな卸資産の実地たな卸の現場に監査人が立ち会い、その実施状況を確認すること
確　認	会社の情報について、監査人が直接外部の第三者に文書で問い合わせ、その回答を直接入手し評価すること
質　問	会社の情報について、監査人が経営者、従業員や外部の第三者に問い合わせ、説明または回答を求めること
観　察	業務の現場に監査人が出向き、業務処理が適切か、資産は実在するか、などを確認すること
閲　覧	契約書、決裁書、議事録などの文書に目を通し、重要な情報を入手すること
突　合	証憑書類や会計帳簿などを照らし合わせることで、記帳の正確さなどを確認すること
分析的手続	財務データや財務以外のデータを利用して推定値を算定し、これと財務数値を比較することで財務数値の検討を行うこと

④　監査人への対応の考え方

　例えば、期中において会社保有の不動産を売却したとしましょう。その場合、監査人からは「不動産売却の根拠資料を見せて下さい」と依頼されます。会社の側からすると、「根拠資料」と言われても、具体的にどのような資料を示すのかわからず戸惑うといったようなことがよく起こります。

　このように、監査のプロセスにおいては、監査人から様々な資料の提出を依頼されます。求められた資料を用意するのが監査人の対応をする経理担当者の主要な仕事の一つですが、このとき「『○○の根拠資料』を見せてください」といった漠然とした言い方が多くなされます。

　これは、決して経理担当者を困らせたいわけではありません。監査人側からすると、各会社で行われる多様な取引に関して、そもそもどんな資料が存在するのかわかっていない場合も多いため、『○○の根拠資料』という言い方になっ

てしまう、というだけのことなのです。

　とはいえ経理担当者からすれば、「どんな資料を用意すればいいのかよくわからない」という不満を抱きやすい点ではあるでしょう。しかし、監査人が「どういう目的で資料を依頼しているのか」がわかってくると、どんな資料を出せばいいのか察しがつくようになります。

　そうなると監査人側も、「この会社はいつも我々の意図を察して対応してくれるので、スムーズに手続が進んで助かるなあ」という好印象を持つようになり、関係構築の土台が築けます。

　一歩進んで、依頼資料に含まれていない資料でも、必要だと思われるものは追加して持っていったり、依頼されたそのものズバリの資料がなくても、監査人が目的を達することができるような代わりの資料を渡したり、といった対応をすると、お互いの仕事は非常にスムーズに進み、よりよい関係が築けるものと思います。

　本来、公認会計士は、財務諸表の監査証明をする役割の他に、適切な会計処理を指導する役割も担っています。よりよい関係が築ければ、業務が効率的に進むばかりか、公認会計士の持つ高度に専門的な知識を上手に利用することができる可能性も出てくるのです。

第 1 章

監査法人対応の基本事項

　会社の経理担当者は、普段監査人の対応をしながら、監査人について多くの疑問を抱いています。しかし、面と向かって監査人には聞けなかったり、経理担当者の間でも今さら聞けなかったりして、疑問に思ったまま監査人と接している方が多くいます。
　第1章では、監査人に関する基本的な事項で、経理担当者が疑問に感じやすいものについて解説をします。

第1章 監査法人対応の基本事項

Question 01 そもそも監査法人とは、どのような組織ですか？

Answer 監査業務を組織的に行うために、公認会計士が5人以上集まって作った会社です。

―― 解 説 ――

　大会社は監査法人または公認会計士による監査を受けなければなりません（一口に「大会社」といっても様々なので一概には言えないのですが、あえてわかりやすく表現しています）。また、上場会社については財務諸表監査だけでなく、内部統制監査も受けなければなりません。

　ここで、大前提の知識として「財務諸表監査」、「内部統制監査」、「公認会計士」について簡単に説明すると、

― 財務諸表監査 ―
　財政状態および経営成績を説明するために会社が作成した財務諸表（貸借対照表、損益計算書、株主資本等変動計算書など）について、粉飾などが行われておらず、会計基準に準拠して適正に作成されているかどうかを、会計の専門家である公認会計士がチェックし、その結果としての意見を表明することをいいます。

― 内部統制監査 ―
　内部統制が有効に整備・運用されているかどうかを報告するために会社が作成した内部統制報告書について、適正な開示がなされているかどうかを、専門家である公認会計士がチェックし、結果としての意見を表明することをいいます。

第1章　監査法人対応の基本事項

> **公認会計士**
>
> 　報酬を得て財務諸表の監査証明を行う、会計の専門家です。とはいえ監査業務ばかりをしているわけではなく、その他にも会計の専門家として、財務諸表の作成業務、株価算定業務、上場準備支援業務など、様々な業務を行います。財務諸表の監査証明は公認会計士だけに認められた独占業務ですが、それ以外の業務は公認会計士でなくてもできます。

　公認会計士は会社から依頼を受け、財務諸表や内部統制報告書の監査を行うのですが、その対象となる会社のほとんどは大会社です。個人の公認会計士だけで手続を完了できる程度の規模であれば問題ないのですが、現実的には困難といえます。監査は決算書だけを確認して完了できるものではなく、元帳はもちろん、領収書や決裁書といった根拠資料も確認しますし、現金やたな卸資産といった資産の現物を確認したりもします。とすれば、どんなに優秀な公認会計士であっても、1年間でトヨタ自動車の元帳も根拠資料も資産の現物も、すべて確認することなど不可能なことくらい誰でもわかります。そこで、大会社に対して組織的に監査を行うために、公認会計士が集まって作った会社が監査法人です。

　監査法人も規模は様々であり、数千人の公認会計士を抱える大手監査法人もあれば、最低人数である5人ギリギリの中小監査法人もあります。

> **PLUS α**
>
> 　上場会社の監査を行うためには、監査法人であれ個人の公認会計士であれ、「上場会社監査事務所」として日本公認会計士協会への登録が必要です。

第 1 章　監査法人対応の基本事項

Question 02
なぜ監査法人または公認会計士の監査を受けなければならないのですか？

Answer　会社が財務諸表を作成しても、第三者のお墨付きがなければ利害関係者は安心して利用できません。

――― 解　説 ―――

　会社が作成した財務諸表は、以下のような様々な利害関係者がそれを見て、重要な意思決定を行うことになります。財務諸表に粉飾があった場合は多くの利害関係者が意思決定を誤り、損失を被る可能性があるため、社会的な影響が大きいのです。

利害関係者	財務諸表を利用する理由
投資家	①　現在の株主 　　会社が順調に利益を獲得しているのか、企業価値は増加しているのかを確認して、出資を継続するかどうかを判断するため ②　潜在的な株主 　　会社の財政状態および経営成績を確認して、今後出資するだけの価値があるかどうかを判断するため
金融機関	融資を確実に返済できるだけの財政状態および経営成績であるかどうかを判断するため
取引先	取引代金を確実に回収できるだけの財政状態および経営成績であるかどうかを判断するため

　しかし、実際に財務諸表を作成するのは会社（経営者）であり、経営者としては少しでも業績を良く見せたいと思うものです。だからといって経営者が必ず粉飾に手を出すというわけではありませんが、利害関係者としては、会社が作成して提出してきた財務諸表を無条件で信用することはできません。

第1章　監査法人対応の基本事項

　そこで、外部の第三者であり会計の専門家集団である監査法人または公認会計士が財務諸表の監査を行い、会計基準に準拠して作成されている旨の意見（適正意見）を表明することにより、利害関係者は安心して財務諸表を利用できるのです。もちろん、会計基準に準拠して作成されていない旨の意見（不適正意見）を表明した場合は、利害関係者は財務諸表を信用しません。

【監査の目的】

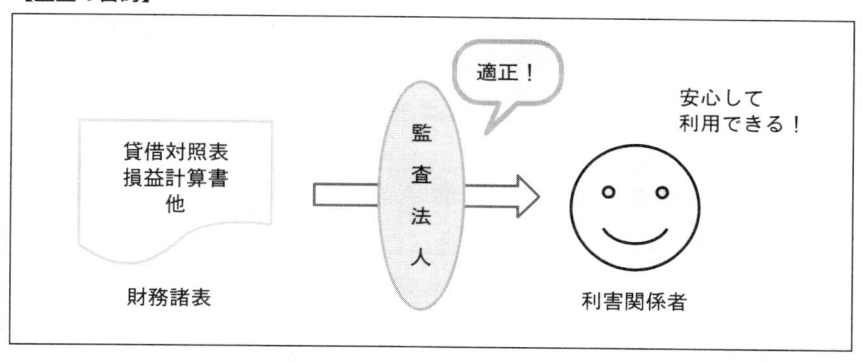

```
                   ┌─────┐
                   │ 適正！│
    ┌──────┐      └──┬──┘        安心して
    │貸借対照表│     ┌─┴─┐         利用できる！
    │損益計算書│     │監 │
    │    他   │ ⇒  │査 │ ⇒    ☺
    │         │     │法 │
    └──────┘      │人 │
                    └───┘
      財務諸表                      利害関係者
```

　このため、数ある会社の中でも特に社会的影響の大きい大会社を中心に、監査法人または公認会計士による監査を受けることが法律により義務付けられているのです。主な法定監査の種類およびその対象を簡単にまとめると次頁のとおりですが、この他にも国立大学法人監査、公益法人監査、政党監査など、様々な法定監査が存在します。

第1章 監査法人対応の基本事項

法定監査の種類	対象
会社法監査	・資本金5億円以上または負債総額200億円以上の大会社 ・任意で会計監査人を設置している会社
金融商品取引法監査	・上場有価証券の発行会社（上場会社） ・上記に準ずる有価証券の発行会社（店頭売買有価証券の発行会社） ・発行総額1億円以上の有価証券の募集・売出を行う会社（有価証券届出書の提出会社） ・当期含む5期間のいずれかの末日時点での保有者が500名以上の有価証券の発行会社
学校法人監査 （私立学校振興助成法）	・国または地方公共団体から補助金を受ける学校法人
独立行政法人監査 （独立行政法人通則法）	・期首資本金100億円以上または期末負債総額200億円以上の独立行政法人

PLUS α

上場会社ではないし、そもそも大会社でもないのに、監査法人が監査に来る場合があります。その理由としては、以下のようなものが考えられます。
　① 任意で会計監査人を設置している
　② 上場会社の連結子会社になっている
①であれば、その会社自体の財務諸表に対して監査意見が表明されます。②の場合は、あくまで親会社が作成する連結財務諸表の監査の一環として、子会社に来ているだけなので、子会社自体の財務諸表に対して監査意見が表明されるわけではありません。

Question 03 監査手続の年間スケジュールはどのようなものですか？

Answer 「監査契約締結」→「監査計画立案」→「内部統制の評価」→「実証手続」→「監査報告書提出」が基本的なスケジュールです。

―― 解　説 ――

　監査人が監査手続を行うことの最終的な目的は、会社が作成した財務諸表が適正に作成されているかどうかについて、監査意見を表明することです。しかし、それは決算時期に数日を費やせば終わるような作業量ではありません。また、元帳に目を通せば終わるような単純なものではなく、多様な手続を実施してその結果を積み上げていかなければならない、複雑なものでもあります。そのため、監査人は最終的な監査意見表明に向けて1年間をかけて、監査手続のスケジュールをこなしていきます。

　この監査手続のスケジュールは、会社の規模や状況などによって変わりますが、3月決算の会社の標準的なスケジュールは以下のようなものです。

① 監査契約の締結

　4月に入り会社の新年度がスタートしても、決算はこれからです。株主総会での承認や有価証券報告書の提出が済み前年度の財務諸表が確定して初めて監査が終了し、新年度の監査がスタートします。まずは前年度の監査終了後すぐに、新年度の監査契約を締結することになります。

② 監査計画の立案

　7月から新年度の監査がスタートすると、来春の監査意見表明までの計画を立案します。前年度の監査手続の中で判明した事項や、現在の会社の状況を分

第1章　監査法人対応の基本事項

析した結果などに基づいて、監査の基本的方針および詳細な計画を立てるのです。あえて詳細は省いてざっくりと表現をすると、「会社の状況を理解し、重要な虚偽表示（粉飾や誤りによる、間違った財務諸表の表示）のリスクが高いまたは低い業務プロセスや勘定科目がどれなのかを把握して、それを踏まえて今後実施する監査手続の内容を決定する」といえます。もちろん、会社の状況は変化するものですから、必要に応じて監査計画の見直しを検討しなければなりません。

③　内部統制の評価

　監査計画の立案後、早速7・8月頃から内部統制の評価手続に入ります。
　会計監査といっても、元帳や根拠資料などの資料だけを確認して終わるものではありません。大会社の資料を全て確認することなど現実的には不可能であるため、そもそも会社の内部統制によって重要な虚偽表示がある程度防止されていることを前提として、監査手続はサンプルベースでの確認を行うことになります。そのために、まず会社の内部統制が本当に機能しているかどうかを確認しておく必要があるのです。
　内部統制は、一時期だけ機能していれば良いというものではなく、1年を通じて機能し続ける必要があるものです。したがって、内部統制の評価手続は夏頃に実施して終わりというものではなく、その後も継続的に実施されます。

④　実　証　手　続

　内部統制がある程度機能していることを前提として、期中監査から期末監査終了まで様々な実証手続を実施します。実証手続とは、財務諸表項目の残高が正しいのかどうか直接的に確認する手続といえます。具体的には、現金の実査、売掛金の残高確認、売上取引の根拠資料との突合、滞留売掛金の回収可能性の確認などが挙げられます。
　内部統制の評価が全て終わってから実証手続がスタートするわけではなく、内部統制の評価と期中監査における実証手続は、実際は同時進行で進められま

第1章　監査法人対応の基本事項

す。したがって、内部統制の評価において当初の想定と違う結果が出た場合には、実証手続も見直しを検討することになります。

【会計監査の年間スケジュール（イメージ）】

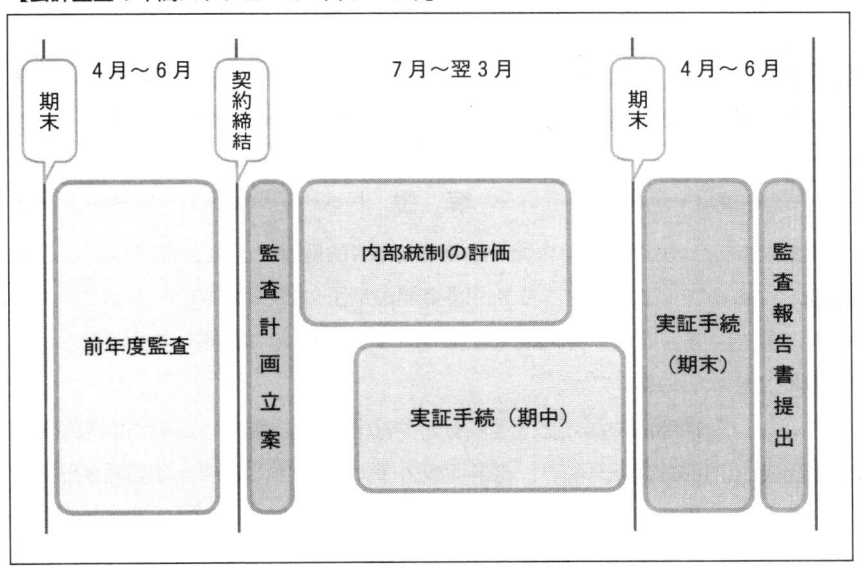

4月～6月		7月～翌3月	4月～6月	
期末	契約締結		期末	
前年度監査	監査計画立案	内部統制の評価 / 実証手続（期中）	実証手続（期末）	監査報告書提出

> **PLUS α**
>
> 　上場会社の場合、内部統制監査も同時に実施することになり、これを一体監査といいます。この場合、内部統制の評価手続は、できるだけ会計監査との両方に使えるように実施されます。期末の実証手続とは別に、内部統制の評価結果のとりまとめを行い、最終的に会社の作成する内部統制報告書に対する監査意見を表明します。

第1章　監査法人対応の基本事項

Question 04 金融商品取引法監査と会社法監査とはどのように違うのですか？

Answer 根拠となる法律、対象となる会社の範囲、対象となる書類などが異なりますが、実際に行う監査手続は両者に共通するものが多いです。

―― 解　説 ――

　監査人の行う法定監査の中で、金融商品取引法監査と会社法監査は2大法定監査といえるでしょう。どちらも財務書類が適正に作成されているかどうかについて監査手続を行い、監査意見を表明するという点では同じですので、一見区別がつきにくいものです。
　しかし、金融商品取引法監査は有価証券報告書に記載される連結財務諸表・財務諸表・内部統制報告書や、四半期報告書に記載される四半期連結財務諸表などを対象とするのに対し、会社法監査は株主総会の招集通知に記載される連結計算書類や計算書類等を対象とします。

【会社法監査と金融商品取引法監査の比較】

項目	会社法監査	金融商品取引法監査
根拠法令	会社法第436条第2項第1号、第441条第2項、第444条第4項	金融商品取引法第193条の2第1項、第2項
目　的	定時株主総会に提出される連結計算書類や計算書類等が、適正に作成されているかどうかの確認	有価証券報告書に記載される連結財務諸表・財務諸表・内部統制報告書や、四半期報告書に記載される四半期連結財務諸表などが、適正に作成されているかどうかの確認

第1章 監査法人対応の基本事項

対象となる会社	・資本金5億円以上または負債総額200億円以上の大会社 ・任意で会計監査人を設置している会社	・上場有価証券の発行会社（上場会社） ・上記に準ずる有価証券の発行会社（店頭売買有価証券の発行会社） ・発行総額1億円以上の有価証券の募集・売出を行う会社（有価証券届出書の提出会社） ・当期含む5期間のいずれかの末日時点での保有者が500名以上の有価証券の発行会社
監査意見の対象書類	・計算書類等 ◇貸借対照表、損益計算書、株主資本等変動計算書、個別注記表（以上、計算書類）、計算書類の附属明細書 ・連結計算書類 ◇連結貸借対照表、連結損益計算書、連結株主資本等変動計算書、連結注記表 ・臨時計算書類 ◇臨時貸借対照表、臨時損益計算書	・財務諸表 ◇貸借対照表、損益計算書、株主資本等変動計算書、附属明細表 ・連結財務諸表 ◇連結貸借対照表、連結損益計算書、連結包括利益計算書、連結株主資本等変動計算書、連結キャッシュ・フロー計算書、連結附属明細表 ・四半期連結財務諸表 ◇四半期連結貸借対照表、四半期連結損益計算書、四半期連結包括利益計算書、四半期連絡キャッシュ・フロー計算書 ・内部統制報告書 その他（中間財務諸表など）
内部統制に対する監査	会計監査の枠内で内部統制の評価手続を実施	上場会社等については内部統制報告書に対しても監査意見を表明

> **PLUS α**
>
> 通常、上場会社は会社法監査と金融商品取引法監査の両方を受けます。また、これらは同一の監査人から受けます。

Question 05 四半期レビューと年度末の財務諸表監査とはどのように違うのですか？

Answer 最終的に表明する意見のレベル感が異なります。このため、手続の内容も、似ているように見えて実は異なっています。

―― 解 説 ――

上場会社等は、新年度がスタートすると3か月ごとに四半期報告書を作成し、年度末には有価証券報告書を作成します。3月決算の会社ですと以下のとおりのスケジュールになります。

6月末：四半期報告書（第1四半期）
9月末：四半期報告書（第2四半期）
12月末：四半期報告書（第3四半期）
年度末：有価証券報告書

したがって、会社が四半期ごとに決算作業を行い、財務諸表や連結財務諸表を作成するのは当然ですが、監査人も四半期決算ごとに監査手続を実施し、意見表明を行います。ですので、四半期の監査と期末の監査は一見同様なように思えますが、第1～第3四半期に監査人が表明する意見は「四半期レビュー報告書」という名前で、年度末は「監査報告書」という名前です。

会社からすれば「四半期決算の都度、会社に来ては年度末決算の時と同じような手続をしているように思えるのですが、四半期と年度末では何か監査が違うのですか？」と思う方もいるでしょう。

これに簡単に答えると、「意見表明のレベル感が違う」ということです。四半期レビューでの意見は「消極的意見」であり、監査報告書での意見は「積極的意見」です。このことは以下のように二つの報告書の文言に表れています。

第1章　監査法人対応の基本事項

報告書	四半期レビュー報告書	監査報告書
表明する意見	「会社の財政状態並びに経営成績及びキャッシュ・フローの状況を適正に表示していないと信じさせる事項がすべての重要な点において認められなかった。」	「会社の財政状態並びに経営成績及びキャッシュ・フローの状況をすべての重要な点において適正に表示しているものと認める。」

　四半期レビュー報告書の方は、正直、一度読んだだけでは理解できないような文章ですが、監査報告書の方は明瞭な文章になっています。
　このままでは違いがわかりにくいので、両者のニュアンスを理解しやすいようにかなり砕けた表現にしてみますと、以下のような表現になります。

報告書	四半期レビュー報告書	監査報告書
表明する意見	「適正に作成されていないと判断できる証拠は見つからなかった。」	「適正に作成されています。」

　監査報告書では明確に「適正」と言っているのに対し、四半期レビュー報告書ではそうではないことがわかります。このレベル感の違いから、年度末監査の手続と比較して、四半期レビューの手続は簡素化されています。年度末の監査では実査・立会・確認などの詳細な実証手続が中心になりますが、四半期レビューにおいては質問や分析的手続など簡便的な手続が中心になります。

> **PLUS α**
> 　四半期レビューの手続は、基本的には年度末監査より簡便的な手続が中心になりますが、年度末監査の一環としての側面もあるため、手続によっては年度末監査と変わらないレベルで行われるものもあります。

Question 06

監査人（会計監査人）の監査と監査役の監査とはどう違うのですか？

Answer 監査人は会計監査のみ行い、監査役は会計監査と業務監査を行います。

―― 解　説 ――

　会計監査人も監査役も、監査を行う点では同じです。しかし、その監査の内容は異なります。会計監査人は会計監査のみを行いますが、監査役は会計監査と業務監査を行います。

　また、両者とも会計監査を行うことになっていますが、会計監査人は計算書類等が適正に作成されているかどうかについて、直接意見表明を行います。これに対し監査役は、計算書類等に対して直接意見表明をするのではなく、「会計監査人の監査の方法と結果が相当であるかどうか」について意見表明をします（会計監査人を設置していない会社では、監査役が直接計算書類等に対する意見表明をします）。

【会計監査人と監査役の比較】

項目	会計監査人	監査役
主体	会社外部の監査法人または公認会計士	会社内部の監査役
会計監査	計算書類等が適正に作成されているかどうか	会計監査人の監査の方法と結果は相当であるかどうか
業務監査		・事業報告等が適正に作成されているかどうか ・取締役の職務執行に不正や違法行為などがないかどうか など

第1章　監査法人対応の基本事項

　会計監査人は独立の立場から計算書類等のチェックを行い、監査役は会社に精通した内部者の立場から取締役の職務執行のチェックを行います。その関係を表したのが以下の図です。

【会計監査人と監査役の関係図】

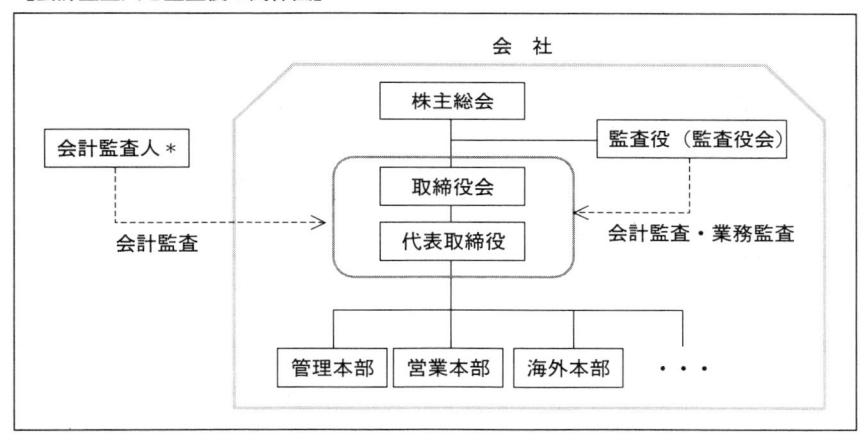

```
                          会　社
  ┌─────────────────────────────────────────────┐
  │                    ┌──────────┐              │
  │                    │ 株主総会 │              │
  │                    └────┬─────┘              │
  │ ┌──────────┐            │      ┌──────────────────┐
  │ │会計監査人*│            │      │監査役（監査役会）│
  │ └────┬─────┘    ┌───────┴────┐ └────────┬─────────┘
  │      ┆          │  取締役会  │          ┆
  │      ┆          ├────────────┤          ┆
  │      └┄┄┄┄┄┄┄┄→│ 代表取締役 │←┄┄┄┄┄┄┄┘
  │   会計監査       └──────┬─────┘    会計監査・業務監査
  │                         │                 │
  │         ┌───────────┬───┴────┬────────┐   │
  │         │管理本部  │営業本部│海外本部│ ...│
  │         └──────────┴────────┴────────┘    │
  └─────────────────────────────────────────────┘
```

　＊　会計監査人は会社法上、会社の機関にあたりますが、ここではあくまで外部の第三者としての立場を表現しています。

　また、会計監査人の会計監査と、監査役の会計監査および業務監査との関係を表したのが次頁の図です。監査役は、取締役会への出席や各種書類の調査を通じて業務監査を行い、また、自ら手続を実施したり会計監査人からの報告を受けたりして会計監査を行います。

第1章 監査法人対応の基本事項

【業務監査と会計監査の関係】

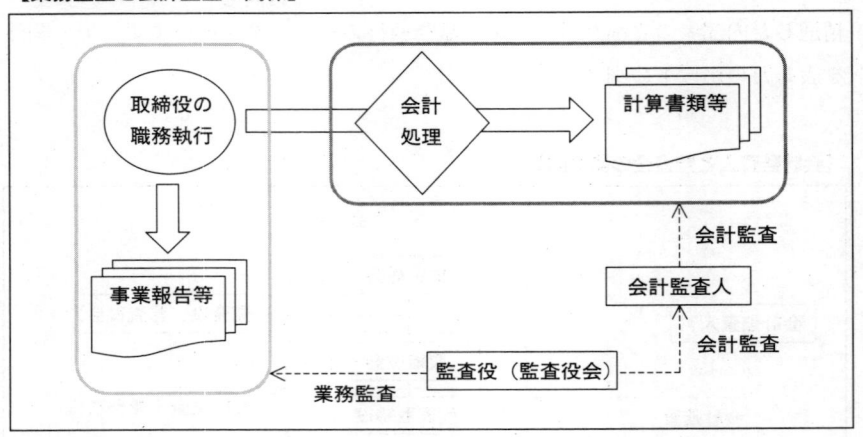

```
取締役の職務執行 → 会計処理 → 計算書類等
         ↓                          ↑ 会計監査
      事業報告等                  会計監査人
         ↑                          ↑ 会計監査
         └──── 監査役（監査役会）───┘
              業務監査
```

> **PLUS α**
>
> 決算時期に監査人（会計監査人）から監査役への報告会が行われるのは、これを受けて監査役が会計監査人の監査を相当と認めるかどうか検討するためなのです。

第1章　監査法人対応の基本事項

Question 07　監査人の監査と税務調査とはどう違うのですか？

Answer　最大の違いは、税務調査で指摘を受けると出費を伴うが、監査ではそのようなことはない、ということです。また、税務調査は一定の時間が経過すれば収束していく側面がありますが、監査は一般に公正妥当と定められた監査手続が全て終了しないと、終わることはありません。

解　説

　監査人による監査も税務調査も、会社にやってきて様々な資料の提出を要求し、誤りがあれば指摘してくるという点では確かに似ています。人によっては、「監査も税務調査も違いがわからない、何を言われるかわからないのでどちらもできるだけ関わりたくない」ということもあるでしょう。しかし、両者は全く異なるものなのです。

【監査と税務調査の比較】

項目	監査人の監査	税務調査
主体	監査法人	国税局や税務署
目的	財務諸表が適正に作成されているかどうかについて、意見を表明すること。	税法に従った適正な納税が行われているかを確認し、誤りがあれば適正な納税に修正すること。

　納税は日本国憲法に定められた国民の義務です。個人も法人も、公平・正確に納税を行わなければなりません。しかし、誰しもできるだけ出費は抑えたいものです。したがって、何の規制もなかったとすれば、多くの人は本来納税すべき金額より少ない金額しか納税しないでしょう。このような事態を避け、公

― 25 ―

第1章　監査法人対応の基本事項

平・正確な納税を実現するために税務調査が行われます。

このことからわかるように、税務調査の主たる目的はやはり申告漏れの発見にあります。もちろん、誤って納税しすぎていたことが税務調査で判明した場合には、減額更正により税額を減らしてくれることもありますが、それほど多くはありません（そもそも納税者の節税志向が強く、納税しすぎていること自体がほとんどないからでもありますが）。

ということは、税務調査で何らかの指摘を受けた場合は、ほとんどの場合出費を伴うことになります。ですので、税務調査の対策法として、

・聞かれていない余計なことは話さない
・要求されていない余計な資料は見せない

といったアドバイスがよく言われます。税務にはグレーゾーンがつきものですから、会社としてはやましいことなどなくても、調査官と主張が対立することはあります。このような場合、部分的に調査官の主張を受け入れることで、税務調査を終わらせるケースもあります。とすれば、要求されていない話や資料まで提供することは、調査官からの無用な突っ込みを受けることになりかねないので、しない方が良いのかもしれません。

では、監査人の監査ではどうでしょうか？

監査の目的は、財務諸表が適正に作成されているかどうかについて意見を表明することにあります。確かに、節税を重視する中小企業と異なり、大企業では好業績が重視されますので、監査においても利益が過大となっている可能性に重点が置かれるのは事実です。しかし、決して利益が水増しされている事実を摘発したいわけではありません。それを発見したからといって監査人の収入が増えたりはしません（実施すべき手続が増えたために、追加報酬を要求することはあり得ますが）。監査人としては、財務諸表が適正に作成されていれば良いのであり、修正すべき事項が発見されないに越したことはないのです。

税務同様、会計にもグレーゾーンはありますので、会社と監査人の主張が対立することはあります。しかし、監査人としては「このうちの一部でも認めさ

第1章　監査法人対応の基本事項

せたい」といった発想ではなく、常に一番適切な会計処理を追い求めているだけです。議論の結果会社の主張が通ったとしても、それはそれで財務諸表が適正になりさえすれば良いのです。監査人の主張が通った場合は会計処理の修正を求められますが、別にお金を取られるわけではありません。「監査人には余計な話や資料は提供しない」などと身構える必要はないのです。

　また、監査は財務諸表全体が適正に作成されているかどうかを判断できるまで続きます。そのために予定した監査手続が全て完了しないと、基本的には監査は終了しません。課税額の目標を達成したからこの辺りで終わりましょう、というようなものではないのです。したがって、変に逃げ切ろうとしたりせず、最初から真摯に対応すべきといえます（税務調査には真摯に対応しなくて良いという意味では決してありません）。

> **PLUS α**
>
> 　税務調査であれば、追加納税額をたっぷり確保できたら収束に向かう面もあります。しかし監査においては、仮に修正事項をたっぷり見付けたからといって、予定された監査手続を完了せずに監査を終結させることはできません。むしろ、手続をさらに増やす必要すらあります。

第1章 監査法人対応の基本事項

Question 08

監査報告書はどのようにして作成されますか? また、監査報告書の内容によってどのような問題が生じる可能性があるのでしょうか?

Answer 結局は監査人が「適正に作成されているな」という印象を抱くかどうかで決まります。

=== 解 説 ===

監査人は、期中監査および期末監査において実施してきた監査手続の結果をとりまとめて監査意見を形成し、これを記載した監査報告書を会社に提出します。

☆監査報告書提出までの流れ
① 期中・期末の監査手続実施
② 監査手続の結果の検討
③ 監査意見の形成
④ 監査人内部の審査
⑤ 監査報告書の作成・提出

この中で①については別途解説しますので、ここでは②以降について簡単に解説します。

② 監査手続の結果の検討

監査手続を実施することにより、多くの監査証拠が得られます。これらについて以下のような事項を確認することで、得られた監査証拠を評価します。
- 会社に対する当初の理解と比べておかしくないか
- 監査のリスクは当初計画どおりの低い水準に抑えられたか
- どのような虚偽表示や問題点が実際に発見されたか

- 発見された虚偽表示や問題点に重要性はあるのか
- 重要な虚偽表示について経営者は修正に応じるのか

③　監査意見の形成

　監査手続の結果を検討した結果、監査人は財務諸表が全体として適正に作成されているかどうかについての意見を形成します。監査手続によって得られる監査証拠の中にも、現金実査や売掛金の残高確認などで得られる直接的で証拠能力の比較的高いものから、質問や分析的手続などで得られる証拠能力の比較的低いものまで様々です。また監査の過程では、各勘定科目レベルでの虚偽表示なども発見されることがあります。しかし、最終的にそれら全てを総括的に吟味し、「財務諸表全体としては適正といえるレベルかどうか」という点について意見を形成するのです。

　このとき、除外事項がないかどうかも検討します。除外事項とは、「財務諸表全体としては適正と言ってよいと判断するが、一部分だけ例外事項があることを表明しておく必要がある」場合に、監査報告書に記載される事項です。これには以下のようなものがあります。

- 例外として表明しておくべき虚偽表示があるような場合
- 監査手続の一部が実施できなかったような場合

④　監査人内部の審査

　監査報告書を提出する前に、監査人の内部で審査が行われます。監査担当者以外の公認会計士が第三者的立場から客観的に、監査チームの行った監査手続とその結果を確認することで、監査の品質を一定水準以上に維持しているのです。

　それほどリスクが高くなく大きな問題も生じていない会社であれば、審査担当者による審査だけで終わるのですが、リスクが高いと判断されている会社や重要な問題点が発生した会社などでは、さらに上位の機関による審査を受けることになります。

⑤ 監査報告書の作成・提出

最後に監査報告書を作成し、会社に提出します。監査報告書に記載される監査の結果としては、以下の四つがあります。

結果の種類	意味合い
無限定適正意見	財務諸表が全体として適正と認められ、除外事項もない状態
限定付適正意見	財務諸表は全体としては適正と認められる内容だが、一部においてだけ除外事項がある状態
不適正意見	財務諸表は全体として虚偽の表示がなされており、不適正であると認められる状態
意見不表明	重要な監査手続が実施できなかったなどの理由で、監査意見を形成できなかった状態

ここで、適正意見以外の意見（不適正意見・意見不表明）が表明された場合の影響としては、以下のようなものがあります。

- 計算書類について株主総会で承認を受ける必要がある（適正意見の場合は報告のみ）
- 上場会社については、上場廃止基準に抵触する
- 上場直前期が無限定適正意見以外の場合、上場要件を満たさない

など

PLUS α

意見不表明や不適正意見の監査報告書が突然提出されて会社が驚く、などという展開には実際はなりません。通常は事前に監査人と会社の話し合いが繰り返されます。その結果どうしても折り合いがつかない場合には、そのような監査報告書が作成されることになりますが、その前に監査人そのものが変更されてしまうケースもあります。

第1章　監査法人対応の基本事項

Question 09　監査人とはどのような関係を構築するべきですか？

Answer　信頼関係を構築することが不可欠です！

=== 解　説 ===

　監査人の訪問頻度は会社の規模などによりますが、何度も会社にやって来ては色々な資料や説明を要求し、時には宿題まで置いていく、ある意味では担当者にとって手間のかかる存在ともいえます。「できるだけ監査人とはかかわりたくない、要求された最低限のことだけ対応して済ませたい」と考えている会社の担当者の方も多いでしょう。露骨に「声をかけてくれるなよ」という雰囲気を醸し出している方も時々おられます。

　監査人の対応をするにはある程度手間がかかる、それは事実です。ですので、会社としてもそれを十分に認識した上で、監査人の対応を行う担当者の業務量を調整することができれば望ましいです。しかし、バブルの時代ならいざ知らず、経理部は最低限の人数でこなしている会社が多い今の状況で、余裕を持った業務量の調整など望むべくもありません。経理部員としての通常の業務量をこなしつつ、追加で監査人の対応もこなさなければならないのが担当者の実情でしょう。とすれば「声をかけてくれるな」という雰囲気になってしまうのも理解できます。

　ただ、当然ながら監査人としても会社を困らせようとしているのではなく、きちんと監査手続を完了した上で、できるなら無限定適正意見の監査報告書を提出して終わりたい、という思いで監査をしているのです。最初から「不適正意見や意見不表明にしてやろう」などと考えている監査人はいません。

　ここで「監査手続を完了し」というのがポイントです。当然ながら監査手続が完了していない状況で無限定適正意見など出せるはずがありません。まして

第1章 監査法人対応の基本事項

や、昨今は監査人も外部の厳しいレビューを受ける時代です。金融庁・日本公認会計士協会・海外提携先の会計事務所などが頻繁にレビューにやって来ては、監査手続の内容に不備がないかチェックするのです。当然、手続の漏れなどの問題があれば厳しく追及されます。したがって、監査人が計画した監査手続は、きちんと完了しないと監査人としても監査を終了できないのだということを、まずは理解する必要があります。

その上で、監査人とは「信頼関係」を構築することが、全てがうまく進む秘訣なのだと断言します。決して対立関係にあるのではなく、タイムリーな情報提供を欠かさず監査人に協力することで、信頼関係を構築すべきなのです。

【協力的な場合と非協力的な場合】

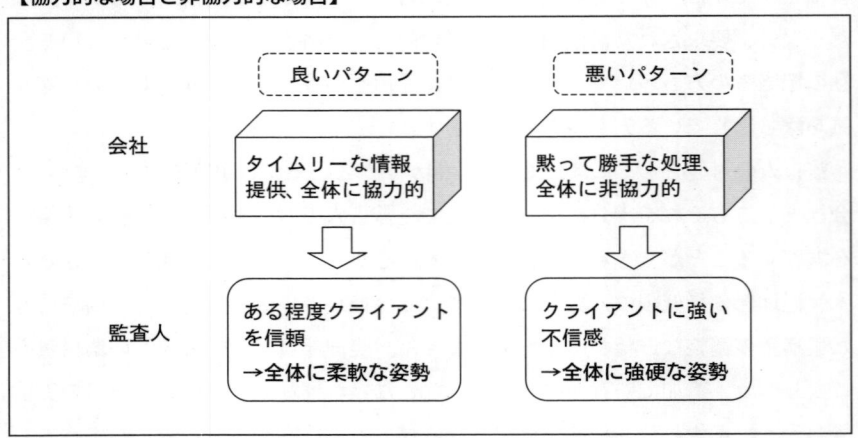

	良いパターン	悪いパターン
会社	タイムリーな情報提供、全体に協力的	黙って勝手な処理、全体に非協力的
	↓	↓
監査人	ある程度クライアントを信頼 →全体に柔軟な姿勢	クライアントに強い不信感 →全体に強硬な姿勢

何かあればその都度情報提供・協力を欠かさず監査人の信頼を得ていれば、全体に監査人の姿勢も柔軟になり、会社に対して以下のとおり「協力的」になるのです。

- 会社への信頼度が上がるので、会社の主張を比較的信頼して受け入れてくれやすい
- 可能な限り効率的な監査を心掛け、会社の負担を減らすよう努力してくれる（もちろん、協力的といっても「粉飾を見逃す」といった意味ではありません）

第1章　監査法人対応の基本事項

　とはいえ、何でもかんでも監査人に協力し言いなりになれということでは決してありません。監査人としても、その手続や資料が絶対に必要かどうか正直わからないまま、とりあえず会社に依頼をしている時もあります。資料を貰うだけ貰っておいて、結局ほとんど使わなかったということもあるのです。ですから、「対応が面倒だから」ということではなく、「それ本当に必要なの？」「もっと効率化できるでしょう？」と思えて仕方ないような話については、その通り主張するべきです。このとき、そもそも監査人との間に信頼関係が構築されているかどうかで、監査人側の受け入れ方が全く違ってくるのです。

　また、タイムリーな情報提供というのも、言い換えれば「先手を打つ」ということです。何かあったときに、根拠となる会計基準や他社事例などを一緒に呈示しながら「当社ではこのように処理しようと考えているがどうか？」と話を持っていけば、監査人側としても納得しやすい傾向があるのです（もちろん、そもそもの信頼関係があってのことです）。

第1章　監査法人対応の基本事項

【監査人への対応】

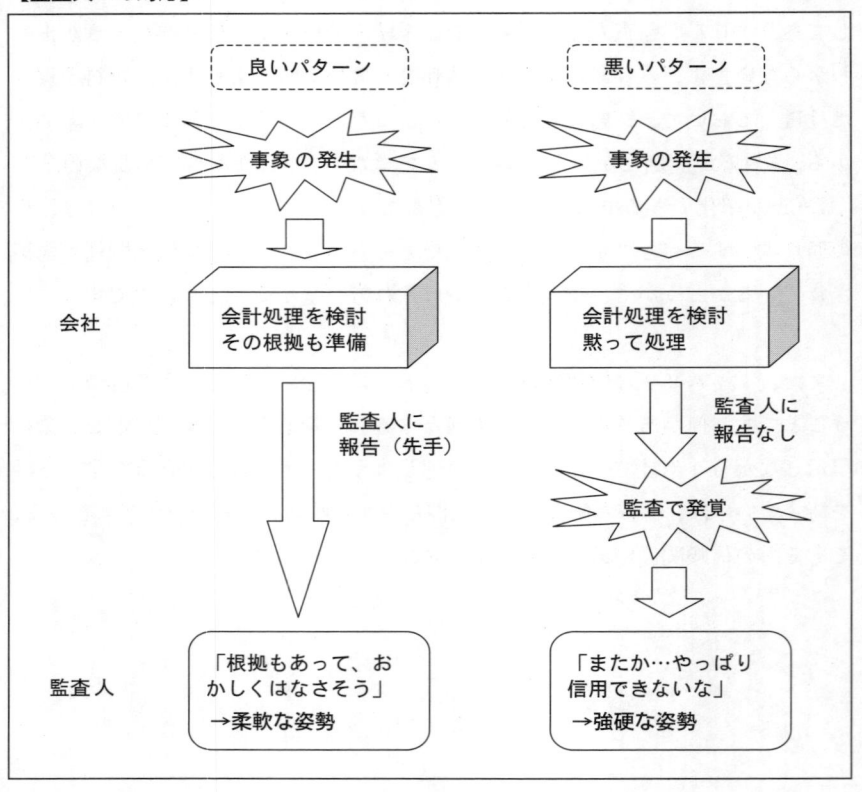

```
        良いパターン                悪いパターン

         事象の発生                  事象の発生
            ↓                          ↓
会社   ┌──────────┐           ┌──────────┐
       │会計処理を検討│           │会計処理を検討│
       │その根拠も準備│           │黙って処理  │
       └──────────┘           └──────────┘
            │                          │
        監査人に                    監査人に
        報告（先手）                 報告なし
            ↓                          ↓
                                    監査で発覚
                                       ↓
       ┌──────────┐           ┌──────────┐
監査人 │「根拠もあって、│           │「またか…やっぱり│
       │おかしくはなさそう」│           │信用できないな」│
       │→柔軟な姿勢 │           │→強硬な姿勢 │
       └──────────┘           └──────────┘
```

　最初は少々手間がかかるでしょうが、監査人との信頼関係を構築しておいた方が、会社にとっても監査人にとってもメリットが大きいとご理解ください。

PLUS α

　依頼した資料の提出においても、会社によって大きな差があります。依頼どおりの資料を素早く提出する会社もあれば、いつまでたっても資料を提出しない会社もあります。これも監査人の会社に対するイメージを大きく左右します。どうせ提出するなら、手早く提出して監査人に良いイメージを持ってもらいましょう。

第 1 章　監査法人対応の基本事項

Question 10　なぜ監査人側の担当者が頻繁に変わるのですか？　そのたびに同じ説明を繰り返さないといけないなど、手間がかかるのですが。

Answer　社員としての会計士：公認会計士法および法人自主ルールによるローテーション制度があるため交替が必須です。
職員としての会計士：法人内の人繰りの都合や、本人の経験などのために担当の交替が行われます。

――――― 解　説 ―――――

　この問題については、監査報告書にサインを行う監査法人の社員としての公認会計士と、その下で現場作業を行う職員としての公認会計士等とに分けて考える必要があります。

1．社員としての公認会計士

　監査報告書にサインを行ういわゆる「社員」としての公認会計士については、以下のとおり、公認会計士法によって同一の会社に関与する期間の制限が設けられています（監査法人が監査を行う全ての会社が対象ではなく、一定の比較的小規模な会社は除かれます）。

社員	関与期間の制限内容
監査法人の社員	連続 7 会計期間全てで監査報告書にサイン（または審査を担当）した場合、翌期以後の 2 会計期間はサイン（または審査を担当）できません。
大規模監査法人（＊1）の筆頭業務執行社員等（＊2）	連続 5 会計期間全てで監査報告書にサイン（または審査を担当）した場合、翌期以後の 5 会計期間はサイン（または審査を担当）できません。

（＊1）監査法人の直近会計年度において監査証明業務を行った上場会社等が100社以上の監査法人
（＊2）監査報告書の筆頭にサインをする社員または最も重要な責任を有する審査担当社員

また監査法人によっては、これより厳しい自主的なローテーションルールを定めているところもあります。サインを行う社員の公認会計士は、これらのローテーションルールに従って会社の担当を交替しなければなりません。

平成16年よりこのようなローテーション制度が導入された目的は、以下のとおりです。

- 同一の会計士が長期間に渡って担当することで会社との間で癒着などが生じ、監査人としての独立性が害されることを防止する
- 定期的に担当会計士が交替し新しい視点で監査を行うことにより、監査の偏りを防止する

かつては10年、20年と長期に渡って同一の会計士がサインし続けることが、実際にありましたが、このような会社での大型粉飾事件が引き金となり、この制度が導入されました。

2．職員としての公認会計士等

ここ数年、現場作業を行う職員としての会計士等（公認会計士、会計士補、公認会計士試験合格者など）が頻繁に担当を交替することに対して、会社の不満が高まっているようです。

このような職員としての会計士等については、社員と違い公認会計士法によるローテーション制度があるわけではありません。しかし、実際は以下のような理由で不定期の交替が行われます。

① OJT（実務でのトレーニング）のため

会計士は公認会計士試験の中で監査手続についても学習していますが、当然実務は教科書どおりにはいきません。現預金などの担当から始まって徐々に様々な勘定科目または業務プロセスの担当を経験したり、1社ではなく複数の会社の担当を経験したりすることで1人前の会計士になります。このため同一の監査チーム内での担当の交替もあれば、他社の監査チームへの異動もあります。

第1章　監査法人対応の基本事項

【OJTのためのローテーション（イメージ）】

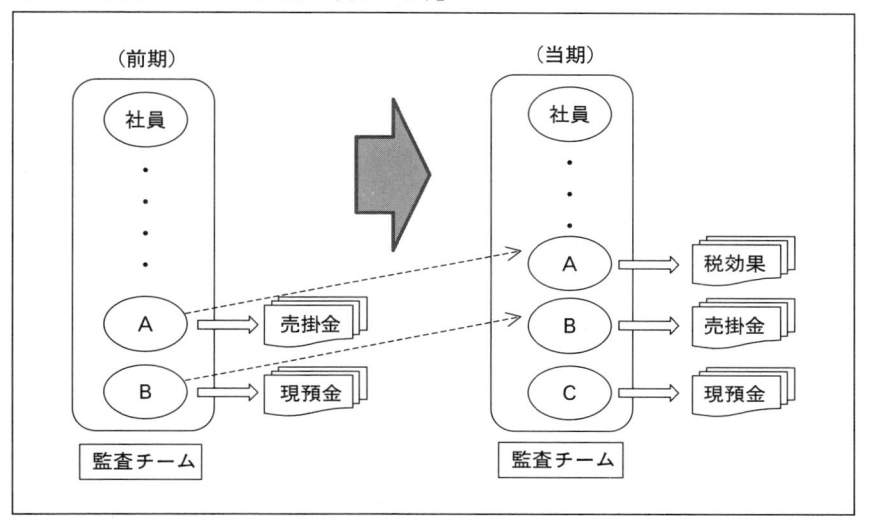

```
(前期)                           (当期)
┌─────────────────┐             ┌──────────────────────────────┐
│   社員          │             │   社員                        │
│    ・           │             │    ・                         │
│    ・           │   ⇒         │    ・         ┌──┐            │
│    ・           │             │    A    ─→   │税効果│         │
│    A   ─→ 売掛金 │─ ─ ─ ─→    │    B    ─→   │売掛金│         │
│    B   ─→ 現預金 │─ ─ ─ ─→    │    C    ─→   │現預金│         │
│   監査チーム    │             │   監査チーム                  │
└─────────────────┘             └──────────────────────────────┘
```

② 同一人が担当し続けることによる監査手続の偏りや見落しを防止するため

　会計士等が行った監査手続の結果をまとめた監査調書は、上役の会計士の調書レビューを受けることになりますので、偏った手続が放置されるということはある程度防止されます。しかし、やはり同一人物が担当し続けるとどうしても偏りや見落しは出るものです。そこで、あえて担当の交替を行うことで監査の品質を高く維持する必要があります。これについても、同一の監査チーム内での担当の交替もあれば、他社の監査チームへの異動もあります。

③ 監査チーム編成上の人繰りの都合のため

　会社を監査するにあたってはまず監査チームを編成し、その中で監査の効率性・OJT・監査の品質維持などを考慮して計画的に担当を決めるのが普通です。ただ、その時々の人繰りの関係で急遽担当を変更することもあります。

　ところで、内部統制監査制度の導入が決まってから、監査法人の内部は急激に忙しくなりました。粉飾決算の発覚が相次ぎ監査の品質確保が至上命題になっ

第1章　監査法人対応の基本事項

ていた時期に、内部統制監査の準備作業が加わったので、まさに猫の手も借りたい状況になりました。監査法人は毎年大量の新人を採用し現場に投入しましたが、人手不足は解消されず監査チームの編成は大きく混乱しました。このため、担当の変更も頻繁に行われることになりました。

　内部統制監査が本格的にスタートして2年目に入り、内部統制関連の業務が落ち着いた結果、今度は大量採用した若手たちが余り始めました。余り気味の人員を事務所で寝かせておくわけにもいかず、監査チームの人手は足りているにもかかわらず何とか現場投入しようとすると、それはそれで監査チームの編成が混乱し、結局担当の変更が頻繁に行われることになってしまいました。

　会計士の担当変更には上記のようにいくつかの理由があり、正直会社に不要な負担をかけているだけのものもあります。会社としては、OJTなど監査の品質向上のために必要といえる程度の変更であれば、何とか協力してほしいところですが、監査法人内部の人繰りの都合としか思えないような変更が続く場合は、はっきりと改善を求めるべきであると思います。

> **PLUS α**
>
> 　担当の頻繁な変更と併せて、「若手ばかりやってきて、監査チームのレベルが低い」という不満の声も最近よく耳にします。これも、一時期の新人大量採用によって、監査法人自体の若手比率が急増してしまった結果です。ひどい場合ははっきり改善を要求すべきです。

第1章 監査法人対応の基本事項

Question 11
監査人に帳簿記入や決算作業を手伝ってもらうことはできないのですか？

Answer 二重責任の原則がありますので、これは不可能です。

―― 解　説 ――

　財務諸表の作成・開示にあたっては「二重責任の原則」があり、以下のとおり経営者と監査人の責任を明確に区別しています。

【経営者と監査人の責任】

	責任内容
経 営 者	会計基準に準拠して適正に財務諸表を作成する責任
監 査 人	財務諸表が適正に作成されているかどうかについて意見表明する責任

　あくまで財務諸表を作成する責任は経営者にあり、監査人はその財務諸表を監査して意見表明する責任を負っています。この責任分担を越えて監査人が財務諸表作成の一部ないし全部を担い、出来上がった財務諸表の監査を行ったとしても、自己監査にすぎず意味がありません。

　かつては、経理部が人手不足であったり財務諸表を完成できる能力がなかったりする場合、実際は会計士が手を動かして財務諸表の作成を行っていたこともありました。しかし、今は監査人もうかつなことをすると厳しく責任を問われる時代ですので、二重責任の原則を徹底しています。

第 1 章　監査法人対応の基本事項

【二重責任の原則（イメージ）】

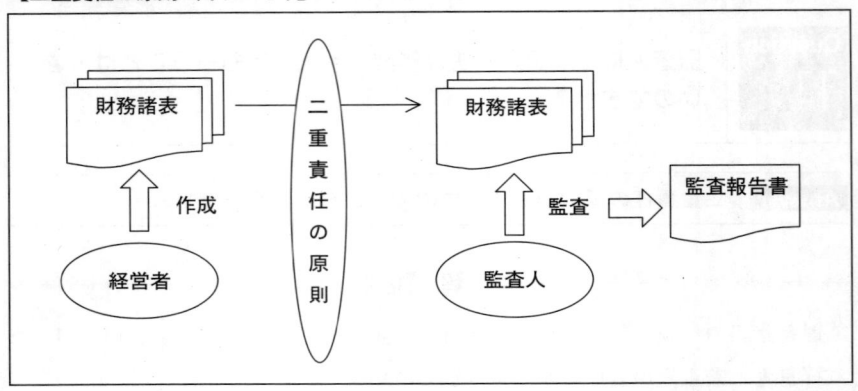

```
財務諸表  →（二重責任の原則）→  財務諸表
  ↑ 作成                         ↑ 監査  ⇒  監査報告書
 経営者                          監査人
```

> **PLUS α**
>
> 　監査人に帳簿を作成してもらうことはできませんが、会計処理の相談はもちろん可能ですので、積極的に行うべきです。

第1章　監査法人対応の基本事項

Question 12 監査報酬はどのようにして決められるのですか？

Answer 基本的には「見積り延べ時間×単価」です。

―― 解　説 ――

　基本的な監査報酬の算定方法は「タイムチャージ方式」と呼ばれるものです。算定式は以下のとおりです。

　　　見積り監査時間　×　時間当たりのチャージレート　＝　監査報酬

　監査時間数は、1年間の監査の中で必要となる手続とその時間数を見積もります。その中には、被監査会社の現場で作業を行う時間はもちろんのこと、以下のような監査人の事務所内での作業時間も含みます。

- 監査計画の立案
- 監査調書の整理
- 監査人内部の審査　など

　チャージレートは、会計士の時間当たり給与に、以下のような監査人内部の経費も加算して算定します。

- 管理部門の人件費
- 教育研修費用
- 法人の維持運営経費　など

　会計士全員が一律のレートではなく、パートナー・マネジャー・シニア・スタッフなどといったランクごとに算定するのが一般的です。

　このように監査報酬は算定されますが、あくまで見積り時間数によるものですので、監査手続を進める中で見積りを上回る時間がかかった場合には、追加報酬を請求する場合もあります。

第1章 監査法人対応の基本事項

監査報酬算定の簡単なイメージは以下のとおりです。

(単位:時間)

内容	パートナー	マネジャー	シニア	スタッフ	合計
期中本社往査	30.0	50.0	100.0	250.0	430.0
期中子会社往査		20.0	30.0	50.0	100.0
営業所往査		5.0	10.0	20.0	35.0
工場往査		5.0	10.0	20.0	35.0
棚卸立会		5.0	5.0	20.0	30.0
期末本社往査	30.0	50.0	100.0	300.0	480.0
期末子会社往査	10.0	20.0	30.0	50.0	110.0
事務所執務	30.0	40.0	50.0	60.0	180.0
合計	100.0	195.0	335.0	770.0	1400.0

この見積り時間に、ランクごとのチャージレートを乗じて監査報酬を算定します。この事例では監査報酬は21,165,000円となりました。

ランク	総時間数(時間)	チャージレート(円/時間)	報酬額
パートナー	100.0	30,000	3,000,000円
マネジャー	195.0	20,000	3,900,000円
シニア	335.0	15,000	5,025,000円
スタッフ	770.0	12,000	9,240,000円
合計	1400.0	—	21,165,000円

> **PLUS α**
>
> 実務では単純な積み上げ計算のとおりに監査報酬が決まるとは限りません。前期の監査報酬額を前提として報酬額を先に合意したため、当期の本来の積み上げ計算額から合意額まで値引く、などということも実務上はあります。
> また、最近は新人を大量採用したにもかかわらず監査報酬が伸び悩み、監査人の業績が悪化しています。そこで監査時間を通常よりも上乗せして見積もり、余り気味の若手を投入することで何とか監査報酬を増額させようとすることも考えられます。会社としても監査報酬の算定根拠の説明を受け、内容が妥当かどうか検討しておく必要があるでしょう。

COLUMN 1
監査の限界　オリンパス事件に関して思うこと

　監査に限界はあるか？

　答えは「イエス」です。つまり、公認会計士が適切に監査を行ったとしても、粉飾決算が全て発見されるとは限らない、ということです。実際、残念なことに粉飾が後を絶ちません。「監査人が適正意見を出していたのになぜ？」という投資家の疑問はもっともです。ではなぜ、このようなことが起こるのでしょうか？

　状況としては、多くの場合次のどれかに当てはまるでしょう。

　①　そもそも監査人がきちんと監査手続をしておらず、気付かなかった

　②　監査人も気付いてはいたが、監査契約を切られるのを恐れて認めてしまった

　③　会社（特に経営陣）が監査人にバレないよう徹底的に隠蔽工作を行った

　①と②は問題外ですね。これは「監査の限界」という話ではなく、単に監査人が義務を果たさなかっただけで当然に責任を問われます。問題は③です。監査人はきちんと手続を行い、疑問点があれば掘り下げた手続も行ったにもかかわらず、経営陣が徹底的に隠蔽したため、粉飾の核心にたどり着けなかった場合です。このような場合でも「どんなに隠蔽されようとプロなんだから見破らないといけない！」とするのか、「とことん隠されたらプロといえど仕方ない」とするのか。

　そもそも監査制度は、全ての取引をチェックするのではなく、あくまでサンプルベースで手続を行うことを前提としています。会社から受け取る監査報酬もそれを前提とした額になっています。ですので、全てをチェックするのでは

ない以上、どんなに経験・勘・統計理論を駆使しても限界はあります。「なら、全てチェックできるくらいの監査報酬を会社に負担させたらいいじゃないか」という考えもあります。しかし、それでは全ての監査対象会社が無条件に何億円、何十億円という負担を強いられることになります。大半の会社は真面目に財務諸表を作成していることを考えると、明らかに過度の負担であり合理的ではありません（監査法人は潤うでしょうが）。

　また、監査人は会社に対して強制捜査権を持っていません。監査手続はあくまで会社の協力を得て行いますので、会社がウソの回答をしたりウソの資料を提出したとしても、警察や検察などのように強制的に捜索して資料を差し押さえたり、役員を取り調べたりはできないのです。

　さらには、監査人と会社がトラブルを起こすと、会社の社会的信用を傷つける場合があります。「何か怪しい」と監査人が騒いだものの結果的に問題なかったため、会社の信用を傷つけただけで終わった、などという事態も考えられます。ですので、監査人といえどもむやみに「粉飾だ！粉飾だ！」と騒ぎ立てることは憚られる、という実務的な制限もあります。

　以上のことから、「監査の限界」はあると言わざるを得ません。「見破れなくても仕方ない場合もある」ということです。そして「監査の限界」を超えるほどの徹底した粉飾が行われた場合、監査人が責任を問われるべきではなく、会社（経営者）が全面的に責任を問われるべきです。

　このことを念頭にオリンパス事件を見てみると、2011年12月6日付の「オリンパス株式会社　第三者委員会」による調査報告書および2012年1月16日付の「オリンパス株式会社　監査役等責任調査委員会」による調査報告書によると、資料の隠蔽や問題を発覚させないための金融機関への手回しなどが行われていたことや、不審に思った監査法人がこれを何度も正そうとしていたことが書かれています。もちろんたったこれだけの情報で、オリンパスの事例が「監査の

限界」によるものかどうか、私が勝手に言い切ることはできません。しかし、「会社が本気で粉飾を隠蔽すれば、公認会計士といえども見破ることは難しい」ということがわかる事例ではあります。

　粉飾が起こる状況というのは、本書が最大のテーマにしている「監査人と会社の信頼関係」が完全に崩壊している状況です。このようなことがないよう、監査人側も会社側も努力する必要があると思います。

第 **2** 章

期中監査の監査対応

　1年間の監査手続は期中監査から始まります。しかし監査人が監査報告書の中で意見を表明するのは、あくまで事業年度末の財務諸表の数字に対してです。よって期中監査の時点ではまだ事業年度末を迎えていないので、期末監査とは手続の内容も趣旨も異なってきます。期中監査では、会社全体の状況や日々の業務を理解することや、内部統制の評価を行うこと、また期末監査に向けて期中のうちに実施できる監査手続を進めて行くことなどが中心となります。
　第2章では、まず期中監査の意味合いを解説した上で、監査人の意図を理解し、スムーズな期中監査の監査対応を行うために知っておくべき事項について、代表的な期中監査の手続ごとに解説します。

Question 13 監査手続全体の中での期中監査の意味合いを教えてください。

Answer 期末監査の負担を減らして効率的な監査を行うことがポイントです。

――― 解　説 ―――

　監査人の監査の目的は、最終的に財務諸表が適正に作成されているかについての意見を表明することです。また、上場会社等においては内部統制報告書が適正に開示されているかについての意見も加わります。

　そう考えると、財務諸表も内部統制報告書も期末日後の決算作業を経て完成されるものですから、監査は決算期にまとめて行えば良いようにも思えます。実際に、期中の残高や取引に対する実証手続や内部統制評価は期末でもできますが、期末残高に対する実証手続を期中監査で行おうとしてもできるものは限られます。具体例でいうと、期中の固定資産取得について証拠書類を確認することは期末監査でもできますが、預金の期末残高についての残高確認手続を期中監査で行うことはできません。

　しかし、実際に全ての手続を期末監査で行うとすれば、期末監査の日程が非常にタイトになります。さらに何か問題が発覚した場合には、対処する時間はわずかしかありません。1社だけならともかく、日本では会社の決算は3月に集中していますので、4月から6月にかけては複数社の監査を抱えて、まさに寝る間もない状況になるでしょう。そうなると監査人としても期末監査時の負荷が大きすぎますし、資料の依頼などが集中することで会社に対しても多大な負荷をかけてしまうことになります。

　そこで、期中にできる監査手続は期中のうちに片付けてしまうことにより、できるだけ期末監査の負荷を分散させるために、期中監査が行われるのです。

第2章　期中監査の監査対応

期中監査には、以下のようなメリットがあります。

メリット	詳細
期末監査の負担を軽減できる	期中にできる監査手続を可能な限り済ませておくことで、期末監査に手続が集中することを回避できます。期末監査時には不測の事態によりバタバタするのがつきものですから、少しでも負担を減らしておくことが望ましいです。
監査計画の修正を適時に行える	監査計画の内容は、監査手続を進めて行く中で見直しがなされます。内部統制の評価を行ったところ有効に機能していないことがわかり、実証手続を追加しなければならなくなることもあります。このような事態も、期中だからこそ比較的余裕を持って対応できますが、これが期末だと大変なことになります。
要検討事項を早めに確認できる	前例のない取引の発生、新会計基準の適用、会計方針の変更など、対応を協議しなければならない事項は毎年のように発生します。何事もなく過ぎる年などまずありません。これを期末まで放置しておいて、期末に初めて会社と監査人の意見が衝突すると、もう解決のための時間は残されていません。そうならないよう、期中のうちから時間をかけて協議して方針を決めておけば、期末に慌てることはありません。
決算早期化に対応できる	会社の決算は早期化の一途です。中には期末日の数日後には決算発表してしまう会社もあります。これに対応するには、可能な限り期中監査で手続を済ませておくことが重要です。

上記のように期中監査を行うことには多くのメリットがあります。しかしやはり期中である以上、実施できる手続に限界があるのも事実です。実査、確認などは勘定科目の期末残高を直接押さえに行く手続ですから、期末監査で行うのが原則です。期中監査でできる手続としては、内部統制の有効性評価手続や、期中の重要な取引と証憑書類との突合などが中心になります。具体的には以下のような手続です。

・固定資産の取得・除売却取引の証憑突合

・有価証券の取得・売却取引の証憑突合

・貸付金の貸付・回収の証憑突合

・借入金の借入・返済の証憑突合

・売上・仕入取引の証憑突合

・販売管理費その他の損益項目の証憑突合

第2章 期中監査の監査対応

・決裁書の閲覧
・工場・支店等の現場の観察
・内部統制の評価手続

【期中と期末の監査手続】

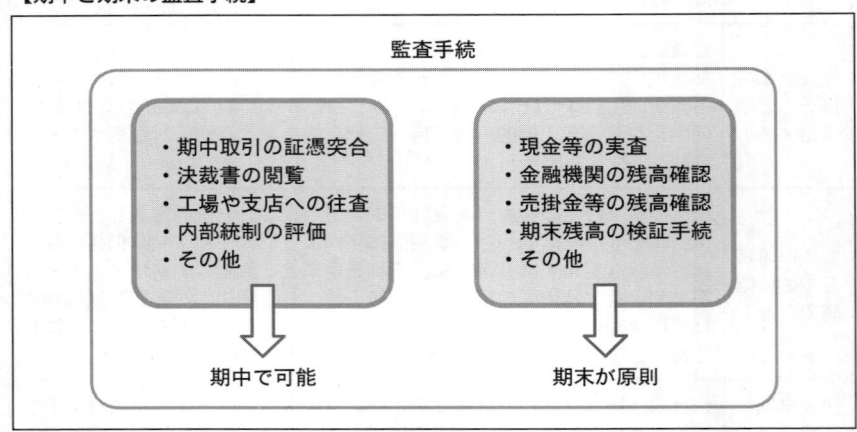

```
                          監査手続

      ┌─────────────────┐        ┌─────────────────┐
      │・期中取引の証憑突合│        │・現金等の実査      │
      │・決裁書の閲覧      │        │・金融機関の残高確認│
      │・工場や支店への往査│        │・売掛金等の残高確認│
      │・内部統制の評価    │        │・期末残高の検証手続│
      │・その他            │        │・その他            │
      └─────────────────┘        └─────────────────┘
              ↓                              ↓
          期中で可能                      期末が原則
```

> **PLUS α**
>
> 　会社の内部統制が有効であるなどの条件を満たせば、売掛金残高の確認など通常は期末に行う手続を期中に行うこともあります。

Question 14

固定資産の取得、除売却の取引について根拠資料の依頼を受けましたが、どのような資料を提出すれば良いのでしょうか？

Answer 取引内容によって違いはありますが、

取得取引については見積書、決裁書、売買契約書、納品書、請求書、預金通帳、当座勘定照合表、検収報告書、登記簿謄本、固定資産台帳などが必要です。
除売却取引については見積書、決裁書、売買契約書、預金通帳、当座勘定照合表、受領書、廃棄業者の確認書、固定資産台帳などが必要です。

=== 解　説 ===

1．固定資産の取得取引
☆監査人の視点

固定資産の取得取引については、監査人は主に以下のような視点から手続を行います。

監査人の視点	具体的内容
固定資産の取得価額（資産計上額）は正しいか？そもそも実在する取引か？	固定資産の取得価額は、購入であれば「購入代金＋付随費用」、自家建設であれば「適正な原価計算基準によって計算された製造原価」として算定されます。 　実際は固定資産の取得には様々な支出が発生し、取得価額の確定は意外に複雑であり、その結果次第で当期利益は大きく変動します。 　また、仮に架空の取引であれば大きな問題となります。
減価償却の開始時期は正しいか？	取得した固定資産を稼働させたとき（事業の用に供したとき）に、建設仮勘定から本勘定に振り替え減価償却を開始することになります。 　実務上、どのタイミングをもって「稼働させた」とするかは判断の余地があり、それ次第で当期利益は大きく変動します。
適用する耐用年数は妥当か？	日本では税法上の法定耐用年数を適用することが多いですが、耐用年数を何年とするかによって減価償却費は大きく変動します。

第2章 期中監査の監査対応

資産計上すべきでない無形固定資産が計上されていないか？	市場販売目的のソフトウェアの制作費のうち、研究開発費に該当する部分は費用処理しなければなりません。また自社利用目的のソフトウェアは、将来の収益獲得または費用削減が確実と見込まれる場合のみ資産計上します。 有形固定資産と異なり実体がないため、そもそも資産計上できるものなのかどうかの判断が重要になり、それ次第で当期利益は大きく変動します。

☆提出すべき資料

取得価額の根拠としては、固定資産取得に至るまでの一連の資料（見積書、決裁書、売買契約書、請求書など）を監査人に提出します。取得価額を算定した資料（購入代金＋付随費用を算定した資料、自家建設資産の原価計算資料など）がある場合には、これも取得価額の根拠として監査人に提出します。また実際に取引を行い、代金を支払ったことの根拠として、預金通帳や当座勘定照合表の該当部分を呈示します。

減価償却開始時期の根拠資料としては、購入相手先からの納品書や、当該資産の設置現場からの検収報告書などを監査人に提出します。登記を要する固定資産であれば、登記簿謄本も取得時期の根拠となります。

耐用年数については、決裁書や検収報告書において耐用年数選択についての根拠が記載されているなら、これを監査人に見せて説明すれば良いでしょう。耐用年数を選択する際の記録を残していない場合は、監査人が耐用年数省令等で確認するでしょうが、口頭でも説明してあげると親切だと思います。

無形固定資産については、上記と同様の資料に加えて、「資産として計上すべき」と判断した検討資料を提出します。特にそういった資料がない場合は、口頭で説明します。

ただし、固定資産の取得には様々なパターンがあり根拠資料も一概には言えないので、何を提出すれば良いかわからない場合は、監査人に直接聞くのが効率的です。

2．固定資産の除売却取引
☆監査人の視点
　固定資産の除売却取引については、監査人は主に以下のような視点から手続を行います。

監査人の視点	具体的内容
売却損益、除却損の金額は正しいか？そもそも実在する取引か？	固定資産の売却時には売却損益が、除却時には除却損が計上されます。固定資産は一つ一つの金額がそもそも大きく、除売却損益も多額になることが多いので、除売却の会計処理を誤ると当期利益に大きな影響を与えます。 また、仮に架空の取引であれば大きな問題となります。
除売却の時期は正しいか？	除売却損益をどのタイミングで計上するかによって、当期利益は大きく変動します。

☆提出すべき資料
　売却損益は、基本的には売却金額と売却時の帳簿価額の差額で決まります。

**　　売却金額－売却時の帳簿価額＝売却損益**

　売却金額が帳簿価額より高ければ売却益になり、低ければ売却損になります。そこで売却損益の根拠資料としては、売却に至るまでの一連の資料（見積書、決裁書、売買契約書など）を提出します。また実際に売却を行っており、売却先からの入金があったことを示す根拠資料として、預金通帳や当座勘定照合表を監査人に提出します。帳簿価額の根拠資料としては固定資産台帳などを提出します。

　売却のタイミングについては、売却先の受領書や固定資産の移動を請け負った業者の受取書・完了報告書などを提出します。登記を要する固定資産であれば、登記簿謄本も売却時期の根拠となります。

　除却損は、基本的には除却時の帳簿価額が相当します。したがって、固定資産台帳などを帳簿価額の根拠資料として提出します。

　除却のタイミングおよび実際に除却を行ったことの根拠資料としては、請け負った廃棄業者の確認書類などを提出します。

第2章　期中監査の監査対応

【減価償却開始時期に関する意見衝突】

会社：今はまだ試運転の段階であって、本稼働ではない！

監査人：試運転といっても完成品を販売している以上、本稼働だ！

PLUS α

　減価償却の開始時期をいつにするかは、すなわち「いつをもって稼働したと判断するか」ということですが、これは判断が分かれることがあります。大型の機械や工場などは「試運転期間なのか、本稼働なのか」の判断が微妙な面があります。

　稼働時期については、会社の基本方針を明確にしておくことが重要であり、また大型投資であるほど監査人の合意を取っておくことが重要になります。

Question 15

有価証券の取得、売却の取引について根拠資料の依頼を受けましたが、どのような資料を提出すれば良いのでしょうか？

Answer 取引内容によって違いはありますが、

取得取引については決裁書、売買契約書、取引報告書、預金通帳、当座勘定照合表などが必要です。

売却取引については決裁書、売買契約書、取引報告書、預金通帳、当座勘定照合表、有価証券台帳などが必要です。

―――― 解　説 ――――

1．有価証券の取得取引

☆監査人の視点

有価証券の取得取引については、監査人は主に以下のような視点から手続を行います。

監査人の視点	具体的内容
有価証券の取得価額は正しいか？　そもそも実在する取引か？	有価証券の取得価額は、「購入代金＋付随費用」で算定されます。これが正確に計算されていないと、有価証券の計上額が変わってきます。 また、仮に架空の取引であれば大きな問題となります。
有価証券の保有目的の区分は正しいか？そもそも何のために取得したのか？	有価証券はその保有目的によって「売買目的有価証券」、「満期保有目的の債券」、「子会社株式及び関連会社株式」、「その他有価証券」に区分されます。このうちのどれに区分されるかによって、その後の会計処理が大きく変わります。 また、特に非上場株式などはどのような意図（優良会社の買収、取引先への出資など）で取得したのかを確認しておく必要があります（社長の親族への個人的な支援など、注意が必要な取引がないか確認します）。
計上の時期は正しいか？	通常、有価証券を取得したときは売買契約の約定日に計上する必要があります。

第2章　期中監査の監査対応

☆提出すべき資料

　取得価額の根拠としては、有価証券取得に至るまでの一連の資料（決裁書、売買契約書、証券会社からの取引報告書など）を監査人に提出します。取得価額を算定した資料（購入代金＋付随費用を算定した資料など）がある場合には、これも取得価額の根拠として監査人に提出します。また実際に取引を行い、代金を支払ったことの根拠として、預金通帳や当座勘定照合表の該当部分を呈示します。

　有価証券の保有区分や取得目的の根拠としては、決裁書等を呈示して監査人に説明をします。特に書類がない場合は、他の資料を提出するときに口頭でも説明をするべきでしょう。

　計上の時期については、取得価額の根拠資料（売買契約書、取引報告書など）が計上時期の資料にもなると思われます。

2．有価証券の売却取引

☆監査人の視点

　有価証券の売却取引については、監査人は主に以下のような視点から手続を行います。

監査人の視点	具体的内容
売却損益の金額は正しいか？　そもそも実在する取引か？	有価証券の売却時には売却損益が計上されます。有価証券の売却損益は多額になることもあるので、売却の会計処理を誤ると当期利益に大きな影響を与えます。 　また、仮に架空の取引であれば大きな問題となります。
売却の時期は正しいか？	売却損益をどのタイミングで計上するかによって、当期利益は大きく変動します。

第2章　期中監査の監査対応

☆提出すべき資料

売却損益は、売却金額と売却時の帳簿価額の差額で決まります。

売却金額－売却時の帳簿価額＝売却損益

売却金額が帳簿価額より高ければ売却益になり、低ければ売却損になります。そこで売却損益の根拠資料としては、売却に至るまでの一連の資料（決裁書、売買契約書など）を提出します。また実際に売却を行っており、売却先からの入金があったことを示す根拠資料として、預金通帳や当座勘定照合表を監査人に提出します。帳簿価額の根拠資料としては有価証券台帳などを提出し、移動平均法などで正確に帳簿価額が算定されていることを示します。

売却のタイミングについては、売却損益の根拠資料（売買契約書、取引報告書など）が計上時期の資料にもなると思われます。

PLUS α

取得の結果、関係会社に該当するようになる可能性がある場合には、これについて検討した資料も提出する必要があります。

Question 16

新規の貸付金、貸付金の回収について根拠資料の依頼を受けましたが、どのような資料を提出すれば良いのでしょうか？

Answer 取引内容によって違いはありますが、

新規の貸付金については決裁書、取締役会議事録、金銭消費貸借契約書、預金通帳、当座勘定照合表などが必要です。

貸付金の回収については金銭消費貸借契約書、預金通帳、当座勘定照合表などが必要です。

―――― 解　説 ――――

1．新規の貸付金

☆監査人の視点

新規の貸付金については、監査人は主に以下のような視点から手続を行います。

監査人の視点	具体的内容
新規の貸付金の金額は正しいか？　そもそも実在する貸付か？	当然のことながら貸付金の金額が正確に計上されていなければなりません。 また、仮に架空の取引であれば大きな問題となります。
どのような内容の貸付か？	会社の事業目的に沿った合理的な貸付であるのか、貸付先はどういった相手か（グループ会社、役員、取引先、個人、またその財務状況）といった貸付金の内容を把握し、将来の回収可能性に問題はないか、不明瞭な点はないかなどを検討しておく必要があります。

☆提出すべき資料

貸付金額の根拠としては、貸付に至るまでの一連の資料（決裁書、取締役会議事録、金銭消費貸借契約書など）を監査人に提出します。また実際に貸付金

を相手先に入金したことの根拠として、預金通帳や当座勘定照合表の該当部分を呈示します。

また貸付金の内容についても、決裁書や取締役会議事録とその添付資料を監査人に提出し、必要に応じて説明を追加します。

2．貸付金の回収

☆監査人の視点

貸付金の回収については、監査人は主に以下のような視点から手続を行います。

監査人の視点	具体的内容
回収の金額は正しいか？　そもそも実在する取引か？	貸付金の回収金額が正確に計上される必要があります。また、仮に架空の回収であれば大きな問題となります。

☆提出すべき資料

貸付金の回収の根拠資料としては、金銭消費貸借契約書などを提出し、回収期日と回収金額を示します。また実際に貸付先からの入金があったことを示す根拠資料として、預金通帳や当座勘定照合表を監査人に提出します。

> **PLUS α**
>
> 役員やその関係者などへの貸付がある場合は、特にその目的などについて監査人が厳しく追及することになります。

Question 17

新規の借入金、借入金の返済について根拠資料の依頼を受けましたが、どのような資料を提出すれば良いのでしょうか？

Answer 取引内容によって違いはありますが、
新規の借入金については決裁書、取締役会議事録、金銭消費貸借契約書、返済計画表、預金通帳、当座勘定照合表などが必要です。
借入金の返済については金銭消費貸借契約書、返済計画表、預金通帳、当座勘定照合表などが必要です。

― 解 説 ―

1．新規の借入金

☆監査人の視点

新規の借入金については、監査人は主に以下のような視点から手続を行います。

監査人の視点	具体的内容
新規の借入金の金額は正しいか？　借入額が全額計上されているか？	当然のことながら借入金の金額が正確に計上されていなければなりません。 また、貸付金であれば「架空の取引ではないか」という視点がありましたが、架空の借入金をわざわざ計上することは普通考えにくいです（もちろん、ないとはいえません）。それよりも計上するべき借入金が計上されていない可能性の方に重点が置かれます。
どのような内容の借入金か？	会社の事業目的に沿った合理的な借入であるのか、借入先はどういった相手か（金融機関、グループ会社、個人など）、といった借入金の内容を把握し、不明瞭な点はないかなどを検討しておく必要があります。
返済に問題はないか？	借入金の返済能力に問題はないか、確認しておく必要があります。

☆提出すべき資料

借入金額の根拠としては、借入に至るまでの一連の資料（決裁書、取締役会

議事録、金銭消費貸借契約書、返済計画表など)を監査人に提出します。また実際に借入金として相手先から入金があった金額の根拠として、預金通帳や当座勘定照合表の該当部分を呈示します。

また借入金の内容についても、決裁書や取締役会議事録とその添付資料を監査人に提出し、必要に応じて説明を追加します。

借入金の返済能力については、返済計画表や資金繰り表を提出し、担保の状況についても説明します。

2．借入金の返済

☆監査人の視点

借入金の返済については、監査人は主に以下のような視点から手続を行います。

監査人の視点	具体的内容
返済の金額は正しいか？　そもそも実在する取引か？	借入金の返済金額が正確に計上される必要があります。また、仮に架空の返済であれば大きな問題となります。

☆提出すべき資料

借入金の返済の根拠資料としては、金銭消費貸借契約書、返済計画表などを提出し、返済期日と返済金額を示します。また実際に借入先への入金を行ったことを示す根拠資料として、預金通帳や当座勘定照合表を監査人に提出します。

> **PLUS α**
>
> 「全ての借入金が計上されているか、帳簿外の借入金がないか」という視点については、一つ一つの借入取引の検証だけでは証拠力が弱いといえます。そこで監査人は期末監査において、金融機関などに残高確認を行って本当の借入金額がいくらなのかを把握し、元帳と突合する手続を行うのです。

Question 18 売上取引について根拠資料の依頼を受けましたが、どのような資料を提出すれば良いのでしょうか？

Answer 売上取引は多種多様であるため、一概には言えません。個々の取引に応じた必要書類を用意する必要があります。

― 解 説 ―

☆監査人の視点

売上取引については、監査人は主に以下のような視点から手続を行います。

監査人の視点	具体的内容
売上高の金額は正しいか？ 本当に「売上」か？	そもそも、正確な金額で売上が計上されていなければ話になりません。単純な売上取引であれば故意でない限り計上額を誤ることは考えにくいですが、複雑な取引の場合は誤る可能性も十分あります。監査人としては金額の正確性は当然に確認しなければならないポイントです。 また、本来営業外収益に計上すべきものが売上高に計上されていることもありますので、取引の内容についても確認をします。
実在する売上か（架空売上ではないか）？	架空売上の計上は、典型的な粉飾決算の手口です。監査人としては、本当に会社の製品が出荷されているのか、実際にサービスの提供は行われているのか、循環取引などではないか、といった点に注意して手続を行います。
売上計上の時期は正しいか？	売上をどのタイミングで計上するかによって当期利益は大きく変動しますので、会社が定めている適切な計上基準のとおりに計上されているか確認します。特に、利益を出すために売上の前倒し計上が行われるリスクに注意しながら手続を行います。

☆提出すべき資料

最終的には同じ「売上高」に計上されるとはいえ、売上取引にはあまりにも多くの形態がありますので、その根拠資料については一概には言えません。したがって、いくつかの一般的な売上取引の形態を例に挙げて解説します。

第2章　期中監査の監査対応

　ここで一つ、以下の全てに共通する大事なことは、「会社内部の書類だけでは監査人は納得しない」ということです。これは売上に限った話ではないのですが、売上勘定は特に粉飾に使われやすい性質（架空売上など）を持っていますので、会社内部の書類だけでは証拠として弱く、監査人は極力会社外部の書類を確認しようとします。ですから、以下に列挙している書類についても、外部書類であることがわかる（得意先の押印がある、運送業者の押印があるなど）書類をできるだけ提出する必要があります。

① **製品・商品の出荷売上**

最も一般的な売上取引でしょう。以下のような取引を想定しています。
- メーカーが工場から製品を取引先に出荷
- 卸売業者が倉庫から商品を取引先に出荷

【出荷売上（イメージ）】

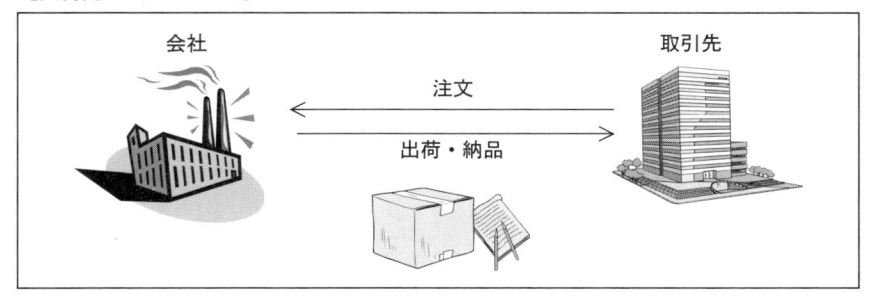

　根拠資料としては、納品に至るまでの一連の資料（注文書、注文受書、契約書、出荷指示書、受領書（運送業者）、納品書（取引先押印あり）など）を監査人に提出します。

　監査人は、金額については注文書や契約書などで確認します。また、注文や契約のとおりに実際に出荷がなされていることを出荷指示書・受領書・納品書などで確認し、実在する売上であることを確認します。さらに、会社の売上計上基準にもよりますが、出荷指示書・受領書・納品書などの日付と売上計上日が整合していることをチェックし、計上時期が正しいことを確認します。

取引によっては、帳簿に計上されている売上取引は上記の書類に記載されている取引の一部分であったりして、ピタリと一致しないことも多いです。このような場合は補足の資料や説明が必要でしょう。

これが輸出取引であれば、インボイス（商業送り状）、パッキングリスト（梱包明細書）、B/L（船荷証券）などの船積書類の提出が必要です。

② 受注製造の売上

取引先からの要望に応じた製品を製造し、納品する取引です。以下のような取引を想定しています。

・建設業者がビルを建設して取引先に納品
・ソフトウェア開発業者がソフトウェアを開発して取引先に納品

【受注売上（イメージ）】

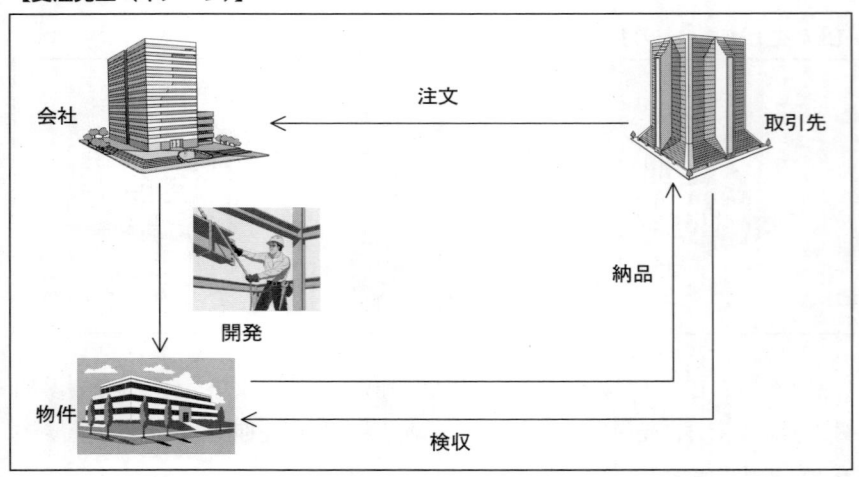

```
会社 ←――注文―― 取引先
 │                ↑
 ↓               納品
開発              │
 ↓                │
物件 ――――検収――→
```

根拠資料としては、納品に至るまでの一連の資料（注文書、注文受書、契約書、完成報告書（現場）、検収証明書（取引先）など）を監査人に提出します。

監査人は、金額については注文書や契約書などで確認します。また、注文や契約のとおりに実際に完成・納品がなされていることを完成報告書や検収証明書などで確認し、実在する売上であることを確認します。さらに、完成報告書

や検収報告書などの日付と売上計上日が整合していることをチェックし、計上時期が正しいことを確認します。

進行基準の売上については、Question 44 にて解説します。

③ 継続的サービス提供の売上

基本契約に基づいて、継続的にサービスを提供する取引です。以下のような取引を想定しています。

- ケーブルテレビ会社による番組の配信
- コンサルティング会社の顧問業

【継続的サービス売上イメージ】

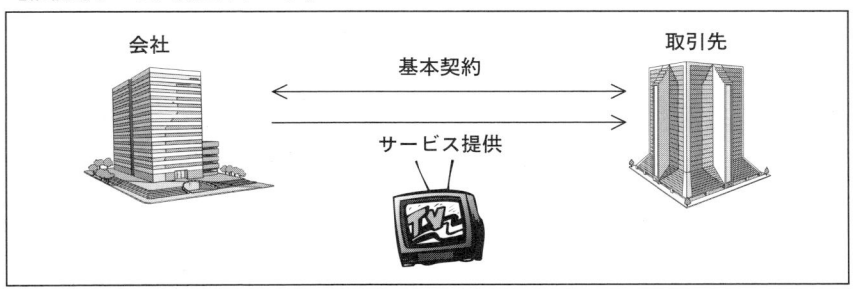

根拠資料としては、月々の売上計上額がわかる資料（申込書、基本契約書、入金明細など）を監査人に提出します。また、固定部分だけでなく変動料金部分もある場合は、請求書などを提出します。

> **PLUS α**
> 複雑な売上である場合は、監査人が直接営業担当者に内容を確認することがありますので、その場合は協力するように営業担当者に伝えておくことが望ましいです。

Question 19 仕入取引について根拠資料の依頼を受けましたが、どのような資料を提出すれば良いのでしょうか？

Answer 仕入取引については見積書、注文書、契約書、納品書（仕入先）、検収報告書（現場）、請求書（仕入先）などが必要です。

――― 解　説 ―――

☆監査人の視点

仕入取引については、監査人は主に以下のような視点から手続を行います。

監査人の視点	具体的内容
仕入高の金額は正しいか？	そもそも、正確な金額で仕入が計上されていなければ話になりません。監査人としては金額の正確性は当然に確認しなければならないポイントです。
実在する仕入か（架空仕入ではないか）？	架空仕入の計上は、典型的な横領の手口です。また、架空売上のセットとして架空仕入が計上されている可能性もあります。監査人としては、本当に商品や原材料が入荷されているのか、といった点に注意して手続を行います。
仕入計上の時期は正しいか？	仕入をどのタイミングで計上するかによって当期利益は大きく変動しますので、会社が定めている適切な計上基準のとおりに計上されているか確認します。特に、利益を出すために仕入の先送り計上が行われるリスクに注意しながら手続を行います。

☆提出すべき資料

根拠資料としては、入荷までの一連の資料（見積書、注文書、契約書、納品書（仕入先）、検収報告書（現場）など）や仕入先からの請求書を監査人に提出します。

監査人は、金額については注文書・契約書・請求書などで確認します。また、注文や契約のとおりに実際に入荷がなされていることを納品書・検収報告書な

どで確認し、実在する仕入であることを確認します。さらに、会社の仕入計上基準にもよりますが、納品書・検収報告書などの日付と仕入計上日が整合していることをチェックし、計上時期が正しいことを確認します。

　これが輸入取引であれば、インボイス（商業送り状）、パッキングリスト（梱包明細書）、B/L（船荷証券）などの船積書類の提出が必要です。

　ここで一つ大事なことは、「会社内部の書類だけでは監査人は納得しない」ということです。これは売上や仕入に限った話ではないのですが、売上勘定や仕入勘定は特に粉飾に使われやすい面を持っていますので、会社内部の書類だけでは証拠として弱く、監査人は極力会社外部の書類を確認しようとします。ですから、上に列挙している書類についても、外部書類であることがわかる（仕入先の押印があるなど）書類をできるだけ提出する必要があります。

> **PLUS α**
>
> 「全ての仕入取引が計上されているか、帳簿外の買掛金はないか」という視点については、一つ一つの仕入取引の検証だけでは証拠力が弱いといえます。そこで監査人は期末監査において、仕入先などに残高確認を行って本当の買掛金がいくらなのかを把握し、元帳と突合する手続を行うのです。

Question 20 監査人が必ず決裁書や取締役会・株主総会議事録に目を通すのはなぜですか？

Answer 会社の業績等に影響を及ぼす可能性のある、重要な事項を把握するためです。

― 解　説 ―

☆監査人の視点

監査人は、定期的に決裁書や取締役会・株主総会議事録の閲覧を行います。閲覧とは、「契約書、決裁書、議事録などの文書に目を通し、重要な情報を入手すること」を意味します。

これらの書類には、会社の業績に大きな影響を及ぼす事項が記載されている可能性が高いため、一通り目を通して情報を把握するのです。

監査人が把握したい事項としては、以下のようなものが挙げられます。

・重要な設備投資（新工場の建設、高額の最新機械の導入など）
・重要な企業買収案件（取引先の子会社化など）
・重要な資本政策（増資、減資など）
・重要な貸付や投資（子会社や取引先への貸付や出資など）
・重要な資金調達（銀行借入や社債発行など）
・重要な訴訟案件の進行状況（損害賠償金の支払義務など）
・重要な事業計画（新規事業の開始、赤字事業からの撤退など）

監査人としてはこれらの事項が実行されて初めて知ったとしても、もちろん様々な監査手続を実施してその会計処理を確認することになります。しかし、事前に把握しておくことにより、効率的かつ漏れなく監査手続を実施するべく、早い段階から準備しておくことができます。

第2章　期中監査の監査対応

【議事録閲覧の視点】

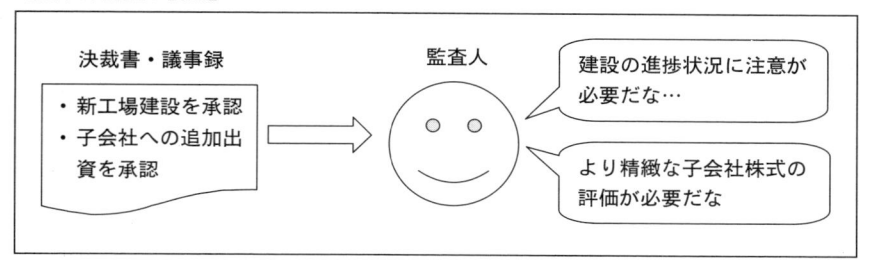

決裁書・議事録
・新工場建設を承認
・子会社への追加出資を承認

→ 監査人

建設の進捗状況に注意が必要だな…

より精緻な子会社株式の評価が必要だな

☆提出すべき資料

　決裁書や議事録の綴じ込んであるファイルをそのまま渡して、見て貰えば良いでしょう。決裁事項の一覧表などがあればそれも提出します。

　監査人は決裁書や議事録を閲覧した後、重要と思われる案件についての説明や関連資料の提出を依頼してきますので、担当者への連絡や調整が必要です。

> PLUS α
>
> 　明らかに監査人からの依頼が来ると思われる案件については、事前に担当者からの説明や資料提出の手配をしておくと効率的ですし、監査人から見た印象も良いです。

第2章　期中監査の監査対応

Question 21

工場や支店に監査人が来るのですが、どのように対応すれば良いのでしょうか？

Answer　会社の業務体制によって監査人の手続が違ってくるので、事前に監査人から、依頼したい資料や質問事項のリストを入手する必要があります。

═════════════　解　説　═════════════

　工場や支店においてどこまで管理業務を行っているのかによって、大きく変わってきます。本社で一括管理を行っている会社ほど、監査人が工場や支店で実施する手続は少なくなります。したがって事前に監査人から、提出すべき資料と説明すべき事項を記載したリストを入手することが大事です。このリストを監査人に要求することには、以下の利点があります。

- リストを作成するには、監査人としても工場や支店で確認すべき事項が何なのか、ある程度整理をしないとできません。したがって、本社でわかるだけの情報を入手してそれを整理してから工場や支店にやってくるので、来てからの手続も効率的に進行します。
- 監査人が工場や支店にやってくる日数は限られています。事前に必要な資料や説明事項を確認しておけば、その日に合わせて資料の準備や工場担当者の日程調整をすることができます。

　仮に何の準備もなく当日を迎える場合、監査人としても工場や支店で何を確認すべきか整理できていないので非効率です。また会社側としても、本社に比べて監査の対応に慣れていない工場や支店でいきなり資料の提出を依頼されても、スムーズに提出できるとは限りません。また、監査人の質問に答えられる担当者がその日に限って本社に出張しているなど、非効率なことになりかねません。

　上記のとおり、監査人が工場や支店に来る場合の対応は、事前の依頼事項リ

ストに基づいて行うことが大事ですので、会社によって大きく異なります。したがって、以下では通常工場や支店で必要となるであろう事項に絞って解説します。

1．工場の場合

☆監査人の視点

監査人が工場の現場に訪れるときは、以下のような視点から手続を行います。

監査人の視点	具体的内容
工場の概要は？	監査人は監査にあたって会社全体について理解をするのと同様、工場全体の概要（地理的な概要、生産の体制・品目・計画と実績など）を理解する必要があります。
小口現金の管理は適切か？	工場においても経費支払用に小口現金が置かれていますが、横領などが行われることがしばしばあります。適切な現金管理が行われているか確認する必要があります。
たな卸資産の管理状況は適切か？	工場は生産を行う場所ですので、当然原材料・仕掛品・製品といったたな卸資産が多く保管されています。たな卸資産の入庫・出庫の管理状況と会計記録への反映手続、たな卸資産現物の保管状況（本当に実在しているか、滞留在庫はないか）などに問題がないかを、現場視察を交えて確認します。
固定資産の管理状況は適切か？	工場には数多くの固定資産が存在します。これらの固定資産の稼働状況（本当に実在しているのか、遊休状態の設備はないか）とその管理状況が適切かを、現場視察を交えて確認します。

☆提出すべき資料

工場の概要についての資料としては、工場全体の見取図、組織図、工場のパンフレットなどを提出します。また生産ラインの体制、生産品目、生産計画と実績などがわかる資料を提出します。これらは会社によってどのような資料が該当するかは千差万別なので、前回提出している資料を参考にして提出し、必要に応じて追加します。併せて概要についての説明を工場長などの責任者から監査人に行います。

小口現金の管理については、現金出納帳と現金実物を呈示し、併せて管理状

況についての説明を行います。

　たな卸資産については在庫リストなどを提出し、管理状況について説明します。また、たな卸資産を保管している現場を実際に視察して、実際の保管状況について説明します。

　固定資産については固定資産台帳などを提出し、管理状況について説明します。また、製造現場を実際に視察しながら、実際の稼働状況について説明します。

２．支店の場合

☆監査人の視点

　監査人が支店の現場に訪れるときは、以下のような視点から手続を行います。

監査人の視点	具体的内容
支店の概要は？	監査人は監査にあたって会社全体について理解をするのと同様、支店全体の概要（地理的な概要、支店の体制・取扱品目・販売計画と実績など）を理解する必要があります。
小口現金の管理は適切か？	支店においても経費支払用に小口現金が置かれていますが、横領などが行われることがしばしばあります。適切な現金管理が行われているか確認する必要があります。
売掛金の管理状況は適切か？	支店において売掛金の管理状況（入金確認、滞留状況管理など）を直接営業担当者に確認します。

☆提出すべき資料

　支店の概要についての資料としては、支店全体の見取図、組織図、支店のパンフレットなどを提出します。また販売の体制・取扱品目・販売計画と実績などがわかる資料を提出します。これらは会社によってどのような資料が該当するかは千差万別なので、前回提出している資料を参考にして提出し、必要に応じて追加します。併せて概要についての説明を支店長などの責任者から監査人に行います。

　小口現金の管理については、現金出納帳と現金実物を呈示し、併せて管理状

第 2 章　期中監査の監査対応

況についての説明を行います。

　売掛金については売掛金管理表などを提出し、支店における管理状況について説明します。また、滞留売掛金のリストを提出し、現時点での状況と回収可能性について説明します。

> **PLUS α**
>
> 　前回の提出資料や説明事項、監査人からの事前依頼リストに基づいて準備することはもちろん大事ですが、それと併せて、監査人が興味を示すであろう工場や支店のトピックについても、資料や説明の準備をしておくことが望ましいです。また、事前に監査人に報告しておく方が効率的・効果的です。
>
> 　当日初めてトピックが判明すると、結局その内容の確認に時間がかかってしまい、監査手続が予定の時間内に終了しないことがよくあります。このような場合は、別途工場や支店を訪れる日を設けることになってしまい、会社にとっても監査人にとっても想定外の時間のロスとなりかねません。

COLUMN 2 公認会計士と税理士ってどう違うの？

　「何の仕事してるの？」と聞かれて「会計士です」と答えると、「ああ、税理士みたいな仕事？」と言われることがよくあります。世間一般では、会計系の資格として会計士も税理士もごちゃ混ぜになっている傾向があります。確かに、どちらも会社と契約して会計に関する仕事をして報酬を貰う、という点では同じです。しかし明確に違うのは、それぞれの資格に認められる「独占業務」が違うということです。

　会計士は、会社の財務諸表が粉飾も間違いもなく適正に作成されているかチェックする「財務諸表監査」を、独占業務として認められています。税理士が会社法監査や金融商品取引法監査を行うことはできません。これに対し税理士は、会社や個人の税務申告書を作成したり税務相談に対応したりする「税務業務」を、独占業務として認められています。会計士の資格では税務申告書を作成することはできません。

　また、会計士は監査契約を結んでいる会社の帳簿入力や決算業務をすることはできません（監査対象会社でなければ可能です）。自分で作った決算書を自分で監査することになって意味がないからです。これに対し税理士は、会社の税務申告書を作成するだけでなく帳簿入力や決算業務もできますので、帳簿も決算書も申告書も全部税理士が丸抱えで作成しているケースは少なくありません。

　このように、会計士と税理士はその業務に明確な違いがあります。しかし実際は、会計士の資格を持っていれば税理士にもなることができるので（将来的にできなくなる可能性はあります）、独立開業している会計士は「公認会計士・税理士」を名乗り税務業務も行っていることが大半です。ですので、一般的に会計士と税理士の区別がつきにくいのでしょう。

第3章

期末監査の監査対応【資産項目】

　事業年度末を過ぎるといよいよ期末監査の時期です。期中監査で積み上げた会社への理解や内部統制の評価に基づき、最終的に財務諸表の適正性を立証します。期末監査では財務諸表の個々の勘定科目の残高について、その適正性を直接立証するための手続が中心となりますので、期中監査とは内容が大きく変わります。また勘定科目ごとでもポイントが変わってきます。例えば資産項目の監査手続を実施するにあたっては、「資産が本当に実在するのか」（実在性）というポイントが特に重要になります。

　第3章では、まず期末監査の意味合いを解説した上で、監査法人の意図を理解し、資産項目についてスムーズな期末監査の監査対応を行うために知っておくべき事項を、代表的な期末監査の手続ごとに解説します。

第3章 期末監査の監査対応【資産項目】

Question 22 監査手続全体の中での期末監査の意味合いを教えてください。

Answer 最終的な意見表明ができるだけの根拠を固めるために、予定された期末監査の手続と、想定外の事態に対処する手続を全て完了し、1年間の総まとめを行います。

=== 解　説 ===

　監査人の監査の目的は、最終的に財務諸表が適正に作成されているかについての意見を表明することです。また、上場会社等においては内部統制報告書が適正に作成されているかについての意見も加わります。したがって、期末監査においては予定された1年間の全ての監査手続を完了し、最終的な意見表明を行えるだけの根拠を固めることになります。

　財務諸表も内部統制報告書も、期末日後の決算作業を経て完成されるものですから、監査は期末監査でまとめて行えば良いようにも思えます。しかし、実際に全ての手続を期末監査で行うとすれば、期末監査の日程は非常にタイトになります。さらに、想定していなかった問題が監査手続の途中で発覚した場合には、対処する時間はわずかしかありません。そこで、通常は期中監査で実施できる手続は期中の内に実施しておき、期末監査においては期末でないと実施できない（または期末に実施することが望ましい）手続だけを実施して、最終的に監査意見をまとめて終了となります。ただ実務上は、期中で予定していた手続が期末までずれ込み、期末監査の手続と並行して実施することはよくあります。

　期末監査においては、勘定科目の期末残高を直接押さえに行く実証手続が中心となります。実査・立会・確認などがそうですが、これらの手続は期中監査で実施することがないわけではありません。実際、売掛金の残高確認などは差

第3章 期末監査の監査対応【資産項目】

異分析に時間がかかるため、期中に実施されるケースも少なくありません。しかし、勘定科目の残高について直接的かつ強力な証拠が得られる手続ですから、やはり期末監査において期末残高に対して行うのが理想です。具体的には以下のような手続です。

- 現金、預金の実査
- 有価証券の実査
- たな卸資産の実地棚卸の立会
- 金融機関の残高確認
- 売掛金、買掛金の残高確認
- 引当金残高の検証
- 売上取引のカットオフ
- 弁護士への確認

【期中監査と期末監査の流れ】

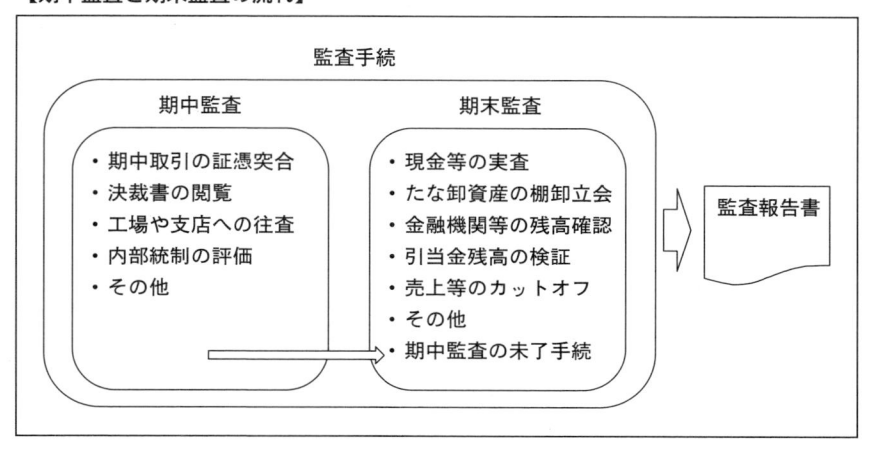

```
監査手続
┌─────────────────────────────────────────┐
│  期中監査                期末監査         │
│  ・期中取引の証憑突合    ・現金等の実査   │
│  ・決裁書の閲覧          ・たな卸資産の棚卸立会  │ → 監査報告書
│  ・工場や支店への往査    ・金融機関等の残高確認 │
│  ・内部統制の評価        ・引当金残高の検証     │
│  ・その他                ・売上等のカットオフ   │
│                          ・その他               │
│              ────────→  ・期中監査の未了手続   │
└─────────────────────────────────────────┘
```

第3章　期末監査の監査対応【資産項目】

> **PLUS α**
>
> 　監査人は監査報告日の期限までに何とか全ての監査手続を完了し、意見表明の根拠を固めなければなりません。仮に必要な監査手続が完了しなければ、その重要性によっては「意見不表明」や「限定付意見の表明」といった事態になってしまいます。
> 　そういった事態を避けるためにも、期中監査の段階から会社と監査人が十分な情報交換を行い、期中で解決できることは解決しておくことと、期末決算・期末監査の段取りを確認しておくことが必要です。

第3章　期末監査の監査対応【資産項目】

Question 23 資産項目の監査手続を実施するにあたって、監査人が重視するポイントは何ですか？

Answer 資産が過大計上されていないかどうかが大事なポイントです。

―― 解　説 ――

　資産項目の監査手続を実施するにあたって考えられる監査のポイントとしては、以下のようなものが挙げられます。
- 本当に存在する資産かどうか（実在性）
- 全ての資産が計上されているかどうか（網羅性）
- 適切な評価額で計上されているか（評価の妥当性）
- 適切な時期に会計処理がなされているか（期間配分の妥当性）

　法定監査を受けていない中小企業などでは、利益を減らして税金を減らすことが重視されますので、どちらかというと資産計上すべきものが費用処理されているリスクの方が高いといえます。これに対して法定監査を受けているような大企業では、できるだけ多くの利益を確保することが重視されますので、費用処理すべきものまで資産計上されていたり、架空の資産が計上されていたりするリスクの方が高いといえます。つまり「資産の過大計上」のリスクが高いのです。
　したがって、監査人が資産項目の監査手続を実施する際には、特に以下のポイントを重視します。
- 本当に存在する資産かどうか（実在性）
- 現在計上されているだけの資産価値が本当にあるのか（評価の妥当性）
- 資産計上が早すぎたり、費用処理が遅すぎたりしていないか（期間配分の妥当性）

第3章 期末監査の監査対応【資産項目】

これを具体例で説明すると、以下のとおりです。

ポイント	具体例
実在性	・横領などにより既に存在しない現金や預金が計上されたままになっている ・除却などにより既に存在しない固定資産が計上されたままになっている ・架空の売上計上により、実在しない売掛金が計上されている
評価の妥当性	・相手先が倒産し回収不可能な貸付金がそのまま計上されている ・有価証券の時価が下落しているのに、取得価額のまま計上されている ・投資額の回収が見込めない固定資産について、減損処理せずそのまま計上されている
期間配分の妥当性	・本来は翌期に計上されるべき売掛金が当期末に計上されている ・費用に振り替えられるべき前払費用が資産計上されたままになっている ・本来実施されるべき固定資産の減価償却が実施されていない（または償却開始時期が遅い）

> **PLUS α**
>
> 　十分な利益を確保している会社の場合、上記の内容とは逆に「資産の過少計上」がポイントとなる場合もあります。つまり、「本来必要のない減損処理まで当期に実施してしまうことで、翌期以降の費用負担を軽くする」といったリスクにも、監査人は注意を払うことになります。

第3章 期末監査の監査対応【資産項目】

Question 24 現金と預金の実査のために監査人が来るのですが、どのように対応すれば良いのですか？

Answer 実査の対象となる物（現金、預金通帳、預金証書など）については、会社のものと外部から預かっているものとを問わず、全て監査人に呈示する必要があります。

=== 解　説 ===

☆監査人の視点

実査とは、現金、有価証券などの資産の実物を、監査人自らが実際に確認する手続のことです。現金及び預金の実査においては、監査人は主に以下のような視点から手続を行います。

監査人の視点	具体的内容
現金及び預金の残高は正確か？	現金及び預金の入出金（特に期末日付近の入出金）が正確に帳簿に記録され、正確な残高が計上されているかどうかを確認する必要があります。
そもそも現金及び預金は実在しているか？	横領などによって既になくなっている現金及び預金が計上されているリスクがありますので、帳簿に計上されている現金及び預金が実在することを確認する必要があります。 また、担保として引出しに制限がかかっているなどの事実についても、確認しておく必要があります。
全ての現金及び預金が計上されているか？	帳簿に記録されず簿外扱いとなっている現金または預金がないかどうか、確認します。ただし、上の二つの視点と比べると、重要度は低いといえます。

☆提出すべき資料

根拠資料としては、現金（実物）、預金通帳（実物）、預金証書（実物）、小切手帳（実物）、現金出納帳、金種表、預金明細表（預金口座の一覧表）など

第3章 期末監査の監査対応【資産項目】

を監査人に提出します。

　監査人は現金の現物を自ら数え、金種表や現金出納帳と照合します。これにより、実在する現金が漏れなく正確に帳簿に記録されていることを確認します。

　また、預金通帳や預金証書の現物と預金明細表を照合し、最終的に帳簿残高と照合することで、実在する預金が漏れなく正確に帳簿に記録されていることを確認します。

　小切手帳については、期末日付近の小切手の振出状況を控えておき、当座預金残高のカットオフ手続（期末日付近の入出金が正確に帳簿に記録されているか確認する手続）に使用します。

☆実査の流れと対応上の注意点

流れ	注意点
実査の日程を監査人と決定	・原則として期末日当日またはその翌日に実査を行います。 ・現金・預金・手形・有価証券などの換金性の高い実査対象物については、同時に実査を実施する必要があります。なぜなら、仮に先に有価証券の実査を行い、後日現預金の実査を行うとすると、タイムラグの間に有価証券を現金化し、本当は横領して実在しない現預金の穴埋めをするようなことができてしまうからです。
資産現物と関連資料を監査人に提出	・実査対象となる現金・預金通帳などについては、保管している全ての現物を監査人に提出します。取引先などから預かっている預金通帳や預金証書なども提出し、預かっている理由を説明します。 ・銀行の貸金庫など外部に保管しているものについても、実査対象となります。
監査人が実査を実施	・現物の盗難・紛失などのトラブルを防ぐため、会社側の担当者が必ず立ち会うようにします。
監査人の手続が終了し、資産現物の返還を受ける	・提出した全ての資産現物の返還を受けたことの確認を、監査人から求められますので、確かに返還されたか確認の上、確認書類に署名・押印します。

第3章　期末監査の監査対応【資産項目】

> **PLUS α**
>
> 　期末日から数日後に現金の実査が行われる場合、期末日から実査日までの現金の入出金が正確に記帳されているかについても、監査人が確認を行います。したがって、当該入出金の根拠資料（請求書、領収書、出金伝票、入金伝票など）を事前に用意しておくとスムーズです。

Question 25

預金の残高確認状の担当になったのですが、どのように対応すれば良いのですか？

Answer 残高確認状に必要事項を記入して届出印を押印し、監査人に引き渡すことと、回収後の差異分析が主な対応です。

= 解 説 =

☆監査人の視点

確認とは、会社の情報について監査人が直接外部の第三者に文書で問い合わせ、その回答を直接入手し評価する手続です。預金・手形・たな卸資産・売掛金・買掛金・貸付金・借入金など、幅広い勘定科目について実施されます。預金残高の確認においては、監査人は主に以下のような視点から手続を行います。

監査人の視点	具体的内容
預金の残高は正確か？	預金の入出金（特に期末日付近の入出金）が正確に帳簿に記録され、正確な残高が計上されているかどうかを確認する必要があります。
そもそも預金は実在しているか？	横領などによって既になくなっている預金が計上されているリスクがありますので、帳簿に計上されている預金が実在することを確認する必要があります。
全ての預金が計上されているか？	帳簿に記録されず簿外扱いとなっている預金がないかどうか、確認します。ただし、上の二つの視点と比べると、重要度は低いといえます。

第3章 期末監査の監査対応【資産項目】

☆確認の流れと対応上の注意点

流れ	注意点
残高確認状の用紙の準備	・確認状の用紙は監査人が用意するものを使用し、必要事項を会社側で記入します。 ・取引のある全ての金融機関が発送対象です。このとき、預金残高がゼロであったとしても、「ゼロであることを確認するため」発送対象となります。したがって、もはや使用しない口座は解約しておくと無駄が省けます。
残高確認状の記入	・回答の基準日は期末日です。 ・自社名や確認相手の金融機関名などを記入しますが、特に口座名義の記入と押印は正確にすることが大事です。届出と異なる口座名義や印鑑であると受け付けて貰えず、一旦回収し記入し直して再発送する手間がかかります。 ・金融機関側の回答欄には、会社は一切記入をしてはいけません。気を利かせたつもりで「該当なし」などと記入してしまうと、「金融機関からの直接回答ではない」ということでやり直しになってしまいます。
残高確認状の発送	・送付用・返信用の封筒は監査人が用意するものを使用します。 ・発送先・残高確認状や封筒の記載内容について、発送前に監査人が確認を行い問題なければ封入します。 ・投函は必ず監査人が行います。
残高確認状の回収	・返信は監査人に直接届くので、届いた都度、会社控え分を監査人から入手します。 ・金融機関の残高確認状は特に重要であるため、全件回収が大原則です。全件回収できるまで、金融機関に督促するよう監査人から依頼されることになります。 ・金融機関側の回答欄は全て記入されていなければなりません。全く取引のない項目でも「該当なし」などの回答が記入されていなければ、再発送となってしまいます。
差異の分析	・会社側の帳簿残高と金融機関からの回答額に差異がある場合、その理由を分析しなければなりません。その分析結果は銀行勘定調整表に記載し、監査人にも提出します。主な差異理由としては、未取付小切手などがあります。

第 3 章　期末監査の監査対応【資産項目】

> **PLUS α**
>
> 　確認は監査人が外部に直接問い合わせる手続ですが、確認状は監査人が自ら作成して発送・回収するわけではなく、確認状自体は会社の名義で作成してもらわねばなりません。これは、監査人名義の確認状が届いたとしても、金融機関としては守秘義務があり回答できないからです。会社名義の確認状にすることで初めて、金融機関としても回答できるのです。
>
> 　名義は会社名義であっても、記載内容を監査人が全て確認し、かつ発送・回収は監査人が自ら行うので、「監査人が直接確認した」といえるのです。

Question 26

売掛金の残高確認状の担当になったのですが、どのように対応すれば良いのですか？

Answer 残高確認状に必要事項を記入・押印し、監査人に引き渡すことと、回収後の差異分析が主な対応です。ただし、金融機関の残高確認状と違って差異が発生する確認状も多いので、差異分析に手間がかかります。

--- 解 説 ---

☆監査人の視点

確認とは、会社の情報について監査人が直接外部の第三者に文書で問い合わせ、その回答を直接入手し評価する手続です。預金・手形・たな卸資産・売掛金・買掛金・貸付金・借入金など、幅広い勘定科目について実施されます。売掛金残高の確認においては、監査人は主に以下のような視点から手続を行います。

監査人の視点	具体的内容
売掛金の残高は正確か？ 計上時期は適切か？	売掛金（特に期末日付近の売上によるもの）が正確に帳簿に記録され、正確な残高が計上されているかどうかを確認する必要があります。
そもそも売掛金は実在しているか？	架空売上などによる売掛金が計上されているリスクがありますので、帳簿に計上されている売掛金が実在することを確認する必要があります。
全ての売掛金が計上されているか？	帳簿に記録されず簿外扱いとなっている売掛金がないかどうか、確認します。ただし、上の二つの視点と比べると、重要度は低いといえます。

第3章 期末監査の監査対応【資産項目】

☆確認の流れと対応上の注意点

流れ	注意点
発送先の選定	・会社は監査人に、売掛金の一覧表（紙またはデータ）を提出します。これに基づいて監査人が確認状の発送先を選定します。
残高確認状の用紙の準備	・確認状の用紙は監査人が用意する場合と、会社側が用意する場合とがあります（後者であっても、監査人の要求を満たす様式であることが必要です）。 ・監査人が選定した得意先に対して残高確認状を用意します。
残高確認状の記入	・回答の基準日は期末日が基本ですが、期末日前の一定の日を基準日とすることもあります。 ・自社名や確認相手の得意先名などを正確に記入します。間違いがあると受け付けて貰えない場合もあり、回収し記入し直して再発送する手間がかかります。 ・得意先に対する売掛金残高を記入する際、相手が回答しやすいよう配慮する必要があります。例えば、相手が支店単位で買掛金残高を管理している場合、確認状にも相手の支店ごとの売掛金残高を記入したり、そもそも支店ごとに確認状を分けて発送したりします。
残高確認状の発送	・送付用・返信用の封筒は監査人が用意するものを使用します。 ・残高確認状や封筒の記載内容について、発送前に監査人が確認を行い、問題なければ封入します。 ・投函は必ず監査人が行います。
残高確認状の回収	・返信は監査人に直接届くので、届いた都度、会社控え分を監査人から入手します。 ・全件回収が基本ですので、未回収の得意先に対しては督促するよう、監査人から依頼されます。しかし、どうしても回収できない場合には、監査人は代替的な手続を実施することになります。
差異の分析	・会社側の帳簿残高と得意先からの回答額に差異がある場合、その理由を分析しなければなりません。その分析結果は関連資料と一緒に監査人にも提出します。

第3章　期末監査の監査対応【資産項目】

【検収ズレによる差異】

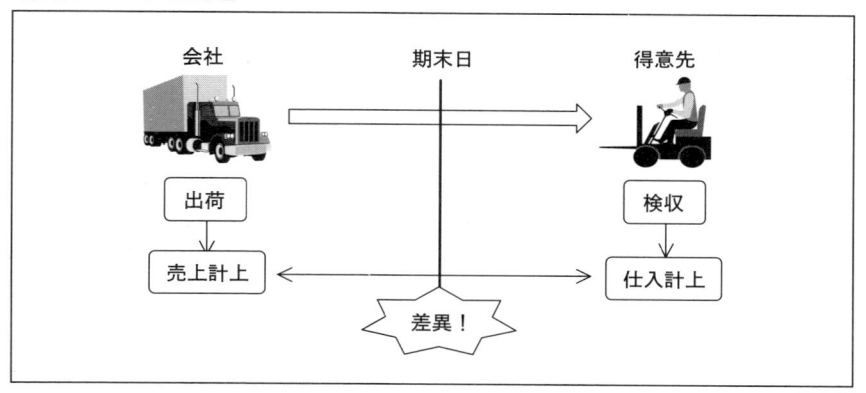

```
         会社          期末日         得意先
        （トラック）      →         （フォークリフト）
         出荷                         検収
          ↓                            ↓
        売上計上    ←――――――→    仕入計上
                    差異！
```

> **PLUS α**
>
> 　売掛金の残高確認は、金融機関の残高確認とは異なり、比較的差異が発生しやすいものです。会社は出荷基準で売上計上しており、得意先は検収基準で仕入計上しているような場合は、むしろ差異が発生して当然といえます。この場合は、当期に出荷して売上計上した根拠資料（出荷指示書、配送業者の受領書など）と、得意先が翌期に検収して仕入計上した根拠資料（翌期の支払通知の明細など）を、監査人に提出して説明します。

Question 27 売上債権の滞留状況について質問されるのですが、どのように対応すれば良いのですか？

Answer 相手先別の回収状況がわかる資料（得意先別売掛金回収表など）と、会社が認識している滞留債権の明細表とその関連資料を提出し、状況の説明を行います。

── 解　説 ──

☆監査人の視点

監査人は主に以下のような視点から、売上債権の滞留状況を確認する手続を行います。

監査人の視点	具体的内容
売上債権の評価は適切か？	受取手形・売掛金といった売上債権は得意先に対する債権であり、得意先の財務状況によっては滞留することもあれば、最終的に貸し倒れてしまうこともあります。 　したがって監査人は、会社が滞留している売上債権とその回収可能性を的確に把握しており、回収可能性次第では貸倒引当金の計上や、貸倒損失の計上を適切に行っているかどうかを、確認します。

☆提出すべき資料

滞留債権のわかる資料として、会社として認識している滞留債権を記載した滞留債権明細表などを監査人に提出します。また、そこに記載されている債権の滞留状況や今後の回収可能性、引当の状況については、会社としても営業会議や役員会などで調査・検討しているはずなので、その関連資料（当該会議の議事録、取引先の決算書や事業計画書、信用調査情報、破産等手続の資料など）も監査人に提出し状況の説明を行います。

第 3 章　期末監査の監査対応【資産項目】

　さらに、受取手形・売掛金の回収状況がわかる資料として、得意先別売掛金回収表や年齢調べ表などを監査人に提出します。「滞留債権明細表を提出して説明すれば十分だろう」と思うかもしれませんが、滞留債権として認識する際の、会社の基準と監査人の基準は異なる可能性があります。会社が認識している滞留債権以外にも、監査人の基準からすれば滞留債権となるものがあるかもしれないので、監査人としては自らの基準で債権の回収状況を確認する必要があるのです。

PLUS α

　売掛債権の滞留状況については、期末に引当金の問題が発生しそうな債権を早めに把握するために、期中監査の段階から質問があると思われます。

Question 28

たな卸資産の実地棚卸の現場に監査人が立ち会いに来るのですが、どのように対応すれば良いのですか？

Answer 監査人が会社の実地棚卸の現場を十分に見て回れるよう、事前に監査人および実地棚卸現場との調整をしておく必要があります。

═══ 解　説 ═══

☆監査人の視点

　立会とは、会社が行うたな卸資産の実地棚卸の現場に監査人が立ち会い、その実施状況を確認する手続です。たな卸資産のたな卸立会においては、監査人は主に以下のような視点から手続を行います。

監査人の視点	具体的内容
たな卸資産の残高は正確か？　計上時期は適切か？	たな卸資産の入出庫（特に期末日付近の入出庫）が正確に帳簿に記録され、正確な残高が計上されているかどうかを確認する必要があります。
そもそもたな卸資産は実在しているか？	架空在庫が計上されているリスクがありますので、帳簿に計上されているたな卸資産が実在することを確認する必要があります。
全てのたな卸資産が計上されているか？	帳簿に記録されず簿外扱いとなっているたな卸資産がないかどうか、確認します。たな卸資産の現物はあるのに、売上済みとして帳簿から消えていたり、未検収であるとして帳簿に計上されていなかったりする場合があります。このような場合には問題がないか確認が必要です。
たな卸資産の評価は適切か？	たな卸資産の全てを販売ないし使用しきれるのなら問題ありませんが、売れずに滞留する製品・商品もあれば、使用できずに滞留する貯蔵品や原材料もあります。 　したがって監査人は、会社が滞留しているたな卸資産とその販売・使用見込みを的確に把握しており、適切に評価損の計上を行っているかどうかを確認します。

第3章　期末監査の監査対応【資産項目】

そもそも会社の実地棚卸は適切に行われているか？	正確性・実在性などいくつも監査人の視点を上記に記載していますが、立会の場だけでそれらを確認できるわけではありません。監査人が直接確認できるサンプル数など微々たるものです。 　ではなぜ監査人が棚卸立会に行くのかというと、「会社は実地棚卸をしっかり行っているか？」ということを確認するためです。 　そもそも会社が適切な実地棚卸を行っていれば、実在する全てのたな卸資産が正確に帳簿に計上され、滞留在庫もきちんと把握されるはずです。監査人は自らサンプルを抜き取って確認をしたりもしますが、それは「会社が実地棚卸をいい加減にやっていないこと」を確かめるためなのです。立会の間、監査人は会社の実地棚卸の内容が十分か、適切に実行されているか、といった視点から、現場をじっくり観察しているのです。

☆立会の流れと対応上の注意点

流れ	注意点
立会先の選定	・会社は監査人に、たな卸資産の実地棚卸の計画表を提出します。これに基づいて監査人が立会先を選定します。 ・立会先に選定された場所には、その旨連絡し当日監査人に対応する担当者を決めておきます。 ・監査人が実地棚卸の現場に立ち会えるよう、日程を確認します。
棚卸実施要領等の提出	・実地棚卸に先立ち、当日の棚卸実施要領および関連資料を監査人に提出しておきます。監査人はこの内容が十分なものか事前に検討しておき、当日はこの要領どおりに実施されているかを確認します。
棚卸当日	・当日は原則として在庫の入出庫はストップします（これは監査人のためではなく、そもそもそうでないと会社が正確な実地棚卸をできないはずだからです）。それができない場合は、その旨と理由を監査人に説明しておきます。 ・現場の立会に先立ち、在庫状況の概要や実地棚卸の段取りについて監査人に説明を行います。たな卸資産のリストも監査人に提出します。 ・監査人を棚卸の現場に案内し、質問があればその都度対応します。また、監査人が自らサンプルベースでたな卸資産の現物とリストの照合を行いますので対応します。 ・現物はあるが売上済みまたは未検収などのためリストに載っていないものについては、そうとわかるように区別しておきます。

第 3 章　期末監査の監査対応【資産項目】

- 長期滞留在庫についてもわかるよう区別しておき、監査人の質問にも答えられるよう状況を確認しておきます。
- 期末日の最終の入出庫にかかる伝票や出荷指示書、検収資料を提出します。また翌期の最初の入出庫についても同様の資料を提出しますが、こちらは後日でも構いません。監査人はこれを使用し、入出庫が正確な時期に帳簿に計上されているか確認をします。

【棚卸立会（イメージ）】

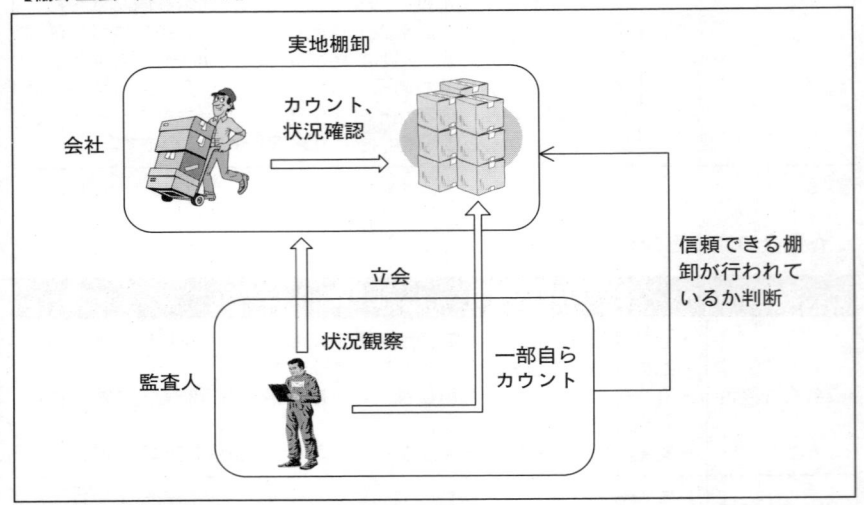

会社
　実地棚卸
　カウント、状況確認

監査人
　立会
　状況観察
　一部自らカウント

信頼できる棚卸が行われているか判断

PLUS α

　監査人の棚卸立会について、「たな卸資産リストが正確かどうか、監査人がサンプルベースで現物を数えて確かめる手続」と考えている方もいるようです。確かに、過去からの流れでそのような立会が行われている現場もあります。そのような場合、会社の実地棚卸が終了した後の現場に案内され、「さあどれを数えましょう？」となることがあります。

　しかし、立会の目的は上で記述したとおり、「会社がきちんと実地棚卸をしているか、実地棚卸の結果を信じて良さそうか」という点を監査人が自らの目で確かめることです。したがって、今まさに実地棚卸を行っている現場に監査人が立ち会うことが重要なのです。

第3章　期末監査の監査対応【資産項目】

Question 29　会社外部の倉庫に保管しているたな卸資産があるのですが、あえて監査人に報告する必要がありますか？

Answer　あえて伝えなければ監査人としても気付きにくい場合は、伝えておく方が後々慌てる必要がないでしょう。

===== 解　説 =====

　外部保管在庫について毎期リストを監査人に提出しているような場合であれば、あえて報告する必要はないでしょう。また、外部保管在庫が多く当然のように監査人からリストを要求されるので、新規の保管先などが発生しても監査人が確実に把握できる状況であっても同様です。

　しかし、普段は外部保管在庫がないのに臨時的に発生したような場合は、監査人としても全く意識していない可能性があるので、あえて伝える方が良いでしょう。

　というのも、仮にその外部保管在庫に重要性がある場合、実地棚卸に立ち会ったり、保管先へ確認状を送付したりという手続が必要になるからです。期末監査の途中で初めて外部保管在庫に監査人が気付いたような場合、慌てて確認状を発送することもあります。こうなると、監査人にとっても会社にとっても負担となりますので、事前に情報提供しておくことが大事です。

> **PLUS α**
>
> 　もちろん、監査人の側からも外部保管在庫の有無を確認するのは当然です。しかし、普段は外部保管在庫など存在しないような会社では、ついつい確認を忘れがちです。後で慌てることのないよう、あえて監査人に伝えておく方が良いでしょう。

第3章 期末監査の監査対応【資産項目】

Question 30
固定資産の減損について根拠資料の依頼を受けましたが、どのような資料を提出すれば良いのでしょうか?

Answer
減損の測定までの3ステップの検討資料を提出します。

―― 解　説 ――

☆監査人の視点

監査人は主に以下のような視点から、固定資産の減損処理について確認する手続を行います。

監査人の視点	具体的内容
固定資産の評価は適切か?	固定資産を取得するということは、通常それを使用することで投資額を上回る収益を得ることを見込んでいます。しかし、その後の製品価格の下落や生産計画の変更などにより、当初の計画より収益性が悪化することがあります。中でも、投資額すら回収できないと考えられる場合には、固定資産の評価額を引き下げる（減損処理）必要があります。 したがって監査人は、固定資産の減損処理の必要性について会社が適切に検討しており、必要に応じて減損損失の計上を適切に行っているかどうかを確認します。

☆提出すべき資料

全ての固定資産について、将来キャッシュ・フローの算定をしなければならないとすると、会社にとって過度の負担となります。そこで、減損処理の検討には三つのステップが設けられています。

① 減損の兆候の判定

グルーピングされた固定資産ごとに、そもそも減損の兆候があるかどうかを検討します。

第3章　期末監査の監査対応【資産項目】

② 減損の認識の判定

減損の兆候があると判定された固定資産について、割引前将来キャッシュ・フローと帳簿価額を比較します。割引前将来キャッシュ・フローが帳簿価額を下回れば、減損の認識が必要と判定されます。

③ 減損損失の測定

減損の認識が必要と判定された固定資産について、回収可能価額まで帳簿価額を減額するために減損損失の測定を行います。

【減損の測定までのステップ】

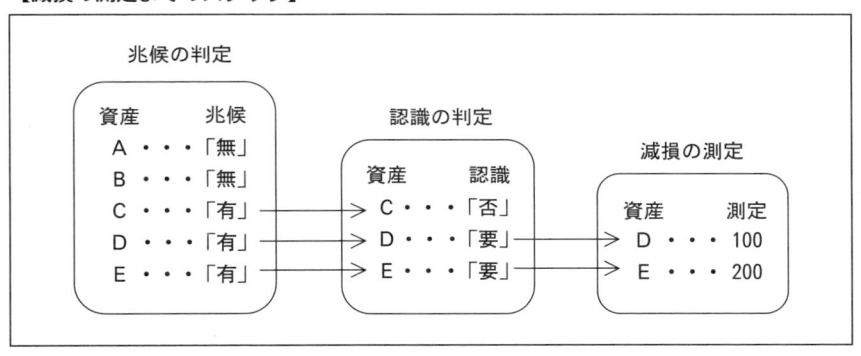

```
兆候の判定
  資産    兆候              認識の判定
  A・・・「無」
  B・・・「無」            資産    認識              減損の測定
  C・・・「有」─────→ C・・・「否」
  D・・・「有」─────→ D・・・「要」─────→ 資産    測定
  E・・・「有」─────→ E・・・「要」─────→ D・・・100
                                                    E・・・200
```

　減損の測定に至るまでの各ステップにおいて、検討対象となる固定資産グループの一覧と、その検討結果を記載した資料を作成しているはずですので、これを監査人に提出します。また、検討にあたって作成ないし収集した資料（将来キャッシュ・フローの見積り資料、不動産鑑定評価書など）も併せて提出します。

> **PLUS α**
> 　固定資産のグルーピングについては、それ次第で減損判定の結果が大きく変わる可能性のある重要な前提事項です。期末監査の段階で初めて監査人に説明するのではなく、期中監査の時点で方針を説明し合意を得ておくことが大事です。

第 3 章　期末監査の監査対応【資産項目】

| Question 31 | 有価証券の期末評価について根拠資料の依頼を受けましたが、どのような資料を提出すれば良いのでしょうか？ |

Answer　期末評価の一覧表と、個別の時価および実質価額の根拠資料を提出します。

===== 解　説 =====

☆監査人の視点

監査人は主に以下のような視点から、有価証券の期末評価について確認する手続を行います。

監査人の視点	具体的内容
有価証券の評価は適切か？	保有する有価証券については、その保有目的に応じて適切に期末評価をすることが必要です。評価結果次第では多額の評価損が発生する場合もあり、有価証券の期末評価は当期損益に大きな影響を及ぼします。 　したがって監査人は、有価証券の期末評価について会社が適切に検討しており、評価損益や評価差額の計上を適切に行っているかどうかを確認します。

☆提出すべき資料

通常は、保有目的ごとに有価証券を区別し、取得価額と期末評価額を比較して、必要な評価差額や評価損益を算定している一覧表があるはずですので、それを監査人に提出します。イメージ図を記載していますので参考にしてください。実際には保有目的、強制評価減適用の有無、税効果などの情報が追加され、会社ごとにカスタマイズされていることと思われます。

また、時価評価する有価証券については時価の根拠資料（期末日の時価が掲載されている新聞、インターネット情報など）を併せて提出します。また、時

価のない有価証券についても、実質価額の根拠資料として当該会社の直近の決算書や事業計画書を提出します。

【有価証券評価一覧イメージ】

時価あり

銘柄	持株数	簿価	一株当たり簿価	期末時価	期末時価総額	評価差額	増減率
A	3,000	1,500,000	500	400	1,200,000	△300,000	△20.0%
B	2,500	750,000	300	120	300,000	△450,000	△60.0%
C	5,000	4,000,000	800	900	4,500,000	500,000	+12.5%
合計		6,250,000			6,000,000	△250,000	

時価なし

銘柄	持株数	簿価	一株当たり簿価	一株当たり純資産額	期末実質価額	評価差額	増減率
D	300	600,000	2,000	1,500	450,000	△150,000	△25.0%
E	1,000	500,000	500	150	150,000	△350,000	△70.0%
合計		1,100,000			600,000	△500,000	

> **PLUS α**
>
> 　有価証券の保有目的については、それ次第でその後の会計処理が大きく変わる重要な前提事項です。期末監査の段階で初めて監査人に説明するのではなく、期中監査の時点で方針を説明し合意を得ておくことが大事です。
> 　実質価額の根拠資料として直近の決算書を提出することが多いですが、直近とは言いながら1年近く前のものであるなど、最近の状況を表しているとは言い難い場合は、可能な限り最新の試算表を取り寄せるなどの対応が必要になります。

第3章　期末監査の監査対応【資産項目】

Question 32

貸付金の期末評価について根拠資料の依頼を受けましたが、どのような資料を提出すれば良いのでしょうか？

Answer　期末評価の一覧表と回収可能性の検討資料一式を提出します。

――― 解　説 ―――

☆監査人の視点

監査人は主に以下のような視点から、貸付金の期末評価を確認する手続を行います。

監査人の視点	具体的内容
貸付金の評価は適切か？	貸付金は取引先や関係会社に対する金銭債権であり、相手先の財務状況によっては回収が滞ることもあれば、最終的に貸し倒れてしまうこともあります。 　したがって監査人は、会社が滞留している貸付金とその回収可能性を的確に把握しており、回収可能性次第では貸倒引当金の計上や、貸倒損失の計上を適切に行っているかどうかを、確認します。

☆提出すべき資料

滞留貸付金のわかる資料として、会社として認識している滞留貸付金を記載した明細表などを監査人に提出します。また、そこに記載されている貸付金の滞留状況や今後の回収可能性、引当の状況については、会社としても営業会議や役員会などで調査・検討しているはずなので、その関連資料（その会議の議事録、取引先・関係会社の決算書や事業計画書、信用調査情報、破産等手続の資料など）も監査人に提出し状況の説明を行います。

さらに、貸付金の回収状況がわかる資料として、相手先別の貸付金管理資料などを監査人に提出します。「滞留貸付金の明細表を提出して説明すれば十分

だろう」と思うかもしれませんが、滞留貸付金として認識する際の、会社の基準と監査人の基準は異なる可能性があります。会社が認識している滞留貸付金以外にも、監査人の基準からすれば滞留貸付金となるものがあるかもしれないので、監査人としては自らの基準で貸付金の回収状況を確認する必要があるのです。

> **PLUS α**
>
> 　貸付金の滞留状況については、期末に引当金の問題が発生しそうな貸付金を早めに把握するために、期中監査の段階から質問があると思われます。
> 　回収可能性の検討資料として直近の決算書を提出することが多いですが、直近とは言いながら1年近く前のものであるなど、最近の状況を表しているとは言い難い場合は、可能な限り最新の試算表を取り寄せるなどの対応が必要になります。

第3章 期末監査の監査対応【資産項目】

Question 33

税効果会計（繰延税金資産・負債、法人税等調整額）について根拠資料の依頼を受けましたが、どのような資料を提出すれば良いのでしょうか？

Answer 税効果会計のステップに沿った検討資料を提出します。

=== 解　説 ===

☆監査人の視点

監査人は主に以下のような視点から、税効果会計について確認する手続を行います。

監査人の視点	具体的内容
税効果の計算は正確か？	税効果会計の処理結果は、法人税等調整額として当期損益に直接影響を与えることになります。したがって監査人は、税効果会計の対象となる全ての一時差異が正確に集計されており、繰延税金資産・負債および法人税等調整額が正確に算定・会計処理されていることを確認します。
繰延税金資産の評価は適切か？	繰延税金資産は将来減算一時差異や繰越欠損金に対して認識されますが、これは将来の課税所得を減額し、税額を下げる効果が見込まれる点に資産性が見出されるからです。言い方を替えると、どんなに将来減算一時差異や繰越欠損金があっても、当分課税所得が発生しない状況であれば税金を減らすことは出来ないので、資産性はないことになります。 　したがって、監査人は本当に繰延税金資産に資産性（回収可能性）があるのか確認します。

☆提出すべき資料

税効果会計の処理は大きく次のようなステップで進められます。監査人もこのステップに沿って会社の処理が正しいか確認しますので、各ステップで作成または収集した検討資料を監査人に提出します。

第3章　期末監査の監査対応【資産項目】

① **会社区分の判定**

　課税所得や繰越欠損金の発生状況に応じて、監査委員会報告第66号に基づく繰延税金資産の回収可能性についての会社の区分（①、②、③、④、④但書、⑤）を判定します。

　監査人には会社区分の検討資料とその関連資料（過年度の財務諸表や法人税申告書など）を提出します。

区分	内容	繰延税金資産の回収可能性の扱い
①	十分な課税所得がある会社	全額回収可能
②	業績は安定しているが十分な課税所得があるとはいえない会社	スケジューリングの結果計上されたものは回収可能
③	業績が不安定な会社	概ね5年内の課税所得を限度としてスケジューリングの結果計上されたものは回収可能
④	重要な税務上の繰越欠損金がある会社	翌期の課税所得を限度としてスケジューリングの結果計上されたものは回収可能
④但書	重要な税務上の繰越欠損金はあるが、非経常的な要因で発生した会社	概ね5年内の課税所得を限度としてスケジューリングの結果計上されたものは回収可能
⑤	債務超過の会社など	全額回収不能

② **一時差異のスケジューリング**

　税効果の対象となる将来減算一時差異、将来加算一時差異の解消時期をスケジューリングし、繰越欠損金や将来の課税所得（計画）などを加味して回収可能性の判定を行います。

　監査人にはスケジューリング表と、併せて一時差異の根拠資料（当期の法人税申告書ドラフトや一時差異の計算資料）や課税所得の根拠資料（事業計画書など）を提出します。

③ **税効果の計算**

①で判定した会社区分と②で行ったスケジューリングの結果に基づいて、繰

延税金資産・負債及び法人税等調整額を算定します。

監査人には税効果の計算表を提出します。

④ 税率差異の確認

税効果会計適用後の税引前利益に対する法人税等の負担率と、法定実効税率との差異について、合理的な理由によるものであることを確認します。

監査人には税率差異の分析資料を提出します。

【税効果会計のステップ】

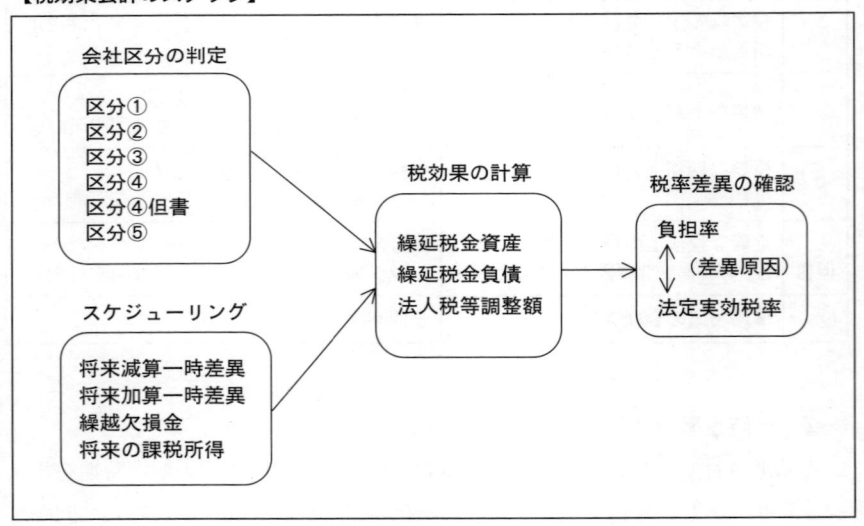

```
会社区分の判定
  区分①
  区分②
  区分③                税効果の計算            税率差異の確認
  区分④              ┌─────────┐          ┌─────────┐
  区分④但書           │繰延税金資産│          │ 負担率   │
  区分⑤              │繰延税金負債│ ───→    │  ↑(差異原因)│
                     │法人税等調整額│         │ 法定実効税率│
スケジューリング       └─────────┘          └─────────┘
  将来減算一時差異
  将来加算一時差異
  繰越欠損金
  将来の課税所得
```

> **PLUS α**
>
> 将来の課税所得の根拠とする事業計画書は、取締役会で承認を受けたようなオフィシャルなものであることが求められます。税効果会計用に経理部で勝手に課税所得を見積もっても、ダメということです。

COLUMN 3
残高確認こぼれ話

　リース会社（Ａ社）の監査を担当していたときの話です。
　その会社は家電販売店と提携して、テレビの割賦販売なども行っていました。その場合、債権者はＡ社、債務者は一般の方になりますので、このような一般の方数十人に対しても残高確認状を送っていました。
　ある日私が事務所で作業していると、確認状を受け取った一般の方（Ｂ氏）からお電話を頂きました。向こうは最初からけんか腰です。

Ｂ氏「残高確認状って何だ？」

私　「失礼ですがお名前を教えて頂けますか？」

Ｂ氏「栃木のモンだ！」

私　「薄型テレビ購入時にＡ社と割賦契約書を交わしてますよね？」

Ｂ氏「Ａ社なんて知らん！何者だお前は？」

私　「監査法人といいまして〜（説明）。ところでＡ社をご存じない？」

Ｂ氏「知らん！」

私　「そうですか……。Ａ社に確認してみますので……。」

ガチャ！（電話が切れる音）

　Ａ社に確認を取ると、やはり間違いなく割賦契約書を交わしていました。栃木支店の担当者からＢ氏に説明して頂くようお願いしたものの、「Ａ社を知らないってどういうこと？」という疑問が残りました。
　暫く考えて、その意味に漸く気が付きました。恐らくＢ氏は「地元の電気屋でテレビを買って、支払いは分割払いにした」という認識しかないのだと。町

の電気屋に分割払いしている、としか思っていないのでしょう。実際はＡ社のような金融会社が電気屋にテレビ代金を一括払いし、後々Ｂ氏から分割回収しているのですが。電気屋に言われるままに契約書に必要事項を記入するだけでは、特に金融会社の存在など意識しない人もいるかもしれません。
　一般の方に残高確認状を送るのは、難しいものだなと思わされた一件でした。

第4章

期末監査の監査対応【負債・純資産項目】

　負債・純資産項目の監査手続を実施するにあたっては、「負債が全て網羅されているか」（網羅性）というポイントや、「資本が本当に実在するのか」（実在性）というポイントが特に重要になります。
　第3章に続き、監査人の意図を理解し、負債・純資産項目についてスムーズな期末監査の監査対応を行うために知っておくべき事項を、代表的な期末監査の手続ごとに解説します。

第4章 期末監査の監査対応【負債・純資産項目】

Question 34

負債・純資産項目の監査手続を実施するにあたって、監査人が重視するポイントは何ですか？

Answer 負債が漏れなく計上されているかどうかが大事なポイントです。純資産が過大計上されていないかどうかが大事なポイントです。

――― 解 説 ―――

負債・純資産項目の監査手続を実施するにあたって考えられる監査のポイントとしては、以下のようなものが挙げられます。
- 本当に存在する負債・純資産かどうか（実在性）
- 全ての負債・純資産が計上されているかどうか（網羅性）
- 適切な評価額で計上されているか（評価の妥当性）
- 適切な時期に会計処理がなされているか（期間配分の妥当性）

法定監査を受けていない中小企業などでは、利益を減らして税金を減らすことが比較的重視されますので、どちらかというと費用を計上するために負債が過大計上されるリスクの方が高いといえます。これに対して法定監査を受けているような大企業では、できるだけ多くの利益や健全な財務状態を確保することが比較的重視されますので、負債計上すべきものが収益計上されていたり、簿外扱いとなっている負債が存在したり、純資産が過大計上されていたりするリスクの方が高いといえます。つまり「負債の漏れ・純資産の過大計上」のリスクが高いといえます。

したがって、監査人が負債・純資産項目の監査手続を実施する際には、特に以下のポイントを重視します。
- 全ての負債が計上されているか（網羅性）
- 本当に存在する純資産かどうか（実在性）

第4章　期末監査の監査対応【負債・純資産項目】

- 現在計上されている負債は過少評価ではないか、純資産は過大評価ではないか（評価の妥当性）
- 負債計上が遅すぎたり、収益への振替処理が早すぎたりしていないか（期間配分の妥当性）

これを具体例で説明すると、以下のとおりです。

ポイント	具体例
負債の網羅性	・銀行からの借入金が計上されず簿外扱いになっている ・計上されるべき未払金が計上されていない ・計上されるべき引当金が計上されていない
純資産の実在性	・適法な手続を経ていない入金を資本金として計上している ・預合いや見せ金などによる架空の増資が資本金に計上されている
評価の妥当性	・引当金の見積額が実態より過少になっている ・資産除去債務の見積額が実態より過少になっている ・その他有価証券評価差額金や繰延ヘッジ損益の評価額が過大になっている
期間配分の妥当性	・本来は当期に計上されるべき買掛金が翌期に先送りされている ・前受収益の収益への振替が早すぎる

> **PLUS α**
>
> 　十分な利益を確保している会社の場合、上記の内容とは逆に、「負債の過大計上」がポイントとなる場合もあります。つまり、「本来必要のない未払金や引当金まで当期に計上してしまうことで、翌期以降の費用負担を軽くする」といったリスクにも、監査人は注意を払うことになります。

第4章 期末監査の監査対応【負債・純資産項目】

Question 35 買掛金の残高確認状の担当になったのですが、どのように対応すれば良いのですか？

Answer 残高確認状に必要事項を記入・押印し、監査人に引き渡すことと、回収後の差異分析が主な対応です。ただし、金融機関の残高確認状と違って差異が発生する確認状も多いので、差異分析に手間がかかります。

=== 解 説 ===

☆監査人の視点

確認とは、会社の情報について監査人が直接外部の第三者に文書で問い合わせ、その回答を直接入手し評価する手続です。預金・手形・たな卸資産・売掛金・買掛金・貸付金・借入金など、幅広い勘定科目について実施されます。買掛金残高の確認においては、監査人は主に以下のような視点から手続を行います。

監査人の視点	具体的内容
買掛金の残高は正確か？ 計上時期は適切か？	買掛金（特に期末日付近の仕入によるもの）が正確に帳簿に記録され、正確な残高が計上されているかどうかを確認する必要があります。
全ての買掛金が計上されているか？	帳簿に記録されず簿外扱いとなっている買掛金がないかどうか、確認します。
そもそも買掛金は実在しているか？	架空仕入などによる買掛金が計上されているリスクがありますので、帳簿に計上されている買掛金が実在することを確認する必要があります。ただし、上の二つの視点と比べると、重要度は低いといえます。

第4章　期末監査の監査対応【負債・純資産項目】

☆確認の流れと対応上の注意点

流れ	注意点
発送先の選定	・会社は監査人に、買掛金の一覧表（紙またはデータ）を提出します。これに基づいて監査人が確認状の発送先を選定します。 ・買掛金の場合は計上漏れのリスクに注意が必要なので、買掛金の残高の有無に関係なく発送先を選択することがあります。この場合は仕入先の一覧表を監査人に提出します。
残高確認状の用紙の準備	・確認状の用紙は監査人が用意する場合と、会社側が用意する場合とがあります（後者であっても、監査人の要求を満たす様式であることが必要です）。 ・監査人が選定した仕入先に対して残高確認状を用意します。
残高確認状の記入	・回答の基準日は期末日が基本ですが、期末日前の一定の日を基準日とすることもあります。 ・自社名や確認相手の仕入先名などを正確に記入します。間違いがあると受け付けて貰えない場合もあり、回収し記入し直して再発送する手間がかかります。 ・仕入先に対する買掛金残高を記入する際、相手が回答しやすいよう配慮する必要があります。例えば、相手が支店単位で売掛金残高を管理している場合、確認状にも相手の支店ごとの買掛金残高を記入したり、そもそも支店ごとに確認状を分けて発送したりします。 ・買掛金の計上漏れを発見することを重視して、確認状に会社側の残高を記入せずに空欄のままで送付する場合もあります。
残高確認状の発送	・送付用・返信用の封筒は監査人が用意するものを使用します。 ・発送先・残高確認状や封筒の記載内容について、発送前に監査人が確認を行い問題なければ封入します。 ・投函は必ず監査人が行います。
残高確認状の回収	・返信は監査人に直接届くので、届いた都度、会社控え分を監査人から入手します。 ・全件回収が基本ですので、未回収の仕入先に対しては督促するよう、監査人から依頼されます。しかし、どうしても回収できない場合には、監査人は代替的な手続を実施することになります。
差異の分析	・会社側の帳簿残高と仕入先からの回答額に差異がある場合、その理由を分析しなければなりません。その分析結果は関連資料と一緒に監査人にも提出します。

第4章　期末監査の監査対応【負債・純資産項目】

【検収ズレによる差異】

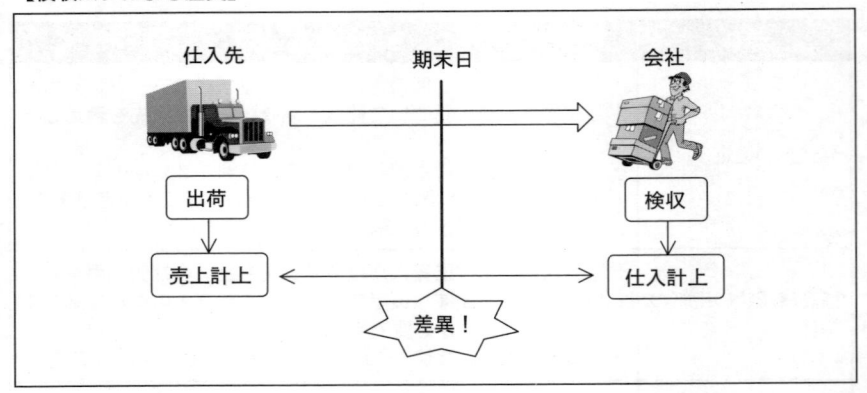

```
仕入先            期末日            会社
 ┃                 ┃                ┃
出荷                                検収
 ┃                                  ┃
売上計上  ←――――  差異！  ――――→  仕入計上
```

> **PLUS α**
>
> 　買掛金の残高確認は、金融機関の残高確認とは異なり、比較的差異が発生しやすいものです。仕入先は出荷基準で売上計上しており、会社は検収基準で仕入計上しているような場合は、むしろ差異が発生して当然といえます。この場合は、翌期に検収して仕入計上した根拠資料（検収報告書など）と、仕入先が当期に売上計上した根拠資料（当期分の請求明細など）を、監査人に提出して説明します。

第4章 期末監査の監査対応【負債・純資産項目】

Question 36 債務の滞留状況について質問されるのですが、どのように対応すれば良いのですか？

Answer 相手先別の支払い・返済状況がわかる資料（相手先別買掛金支払表、借入金返済表など）と、会社が認識している滞留債務の明細表とその関連資料を提出し、状況の説明を行います。

= 解　説 =

☆監査人の視点

監査人は主に以下のような視点から、債務の滞留状況を確認する手続を行います。

監査人の視点	具体的内容
債務の評価は適切か？	買掛金・未払金・借入金といった債務は、当然相手先に支払いまたは返済をする必要があります。しかし、相手先からの請求がなかったり、会社の財務状態悪化のため支払いまたは返済の期日を延ばさざるを得なかったりして、債務が滞留することがあります。長期間に渡り請求がなく支払予定もないのであれば、一定期間経過後に収益に振り替えるなどの対応が必要になりますし、財務状態悪化が原因で支払いないし返済ができないという事態であれば、継続企業の前提に関する注記などを検討しなければなりません。 　したがって監査人は、会社が滞留している債務とその滞留理由および支払い・返済予定を的確に把握しており、内容次第では収益への振替や注記などを適切に行っているかどうかを、確認します。

☆提出すべき資料

滞留債務のわかる資料として、会社として認識している滞留債務を記載した滞留債務明細表などを監査人に提出します。また、そこに記載されている債務

第4章 期末監査の監査対応【負債・純資産項目】

の滞留状況や今後の支払い・返済予定については、会社としても営業会議や役員会などで調査・検討しているはずなので、その関連資料（当該会議の議事録、支払い・返済計画表、リスケジューリングの交渉記録など）も監査人に提出し状況の説明を行います。

さらに、債務の支払い・返済状況がわかる資料として、相手先別買掛金支払表や借入金返済明細表などを監査人に提出します。「滞留債務の明細表を提出して説明すれば十分だろう」と思うかもしれませんが、滞留債務として認識する際の、会社の基準と監査人の基準は異なる可能性があります。会社が認識している滞留債務以外にも、監査人の基準からすれば滞留債務となるものがあるかもしれないので、監査人としては自らの基準で債務の回収状況を確認する必要があるのです。

> **PLUS α**
>
> 債務の滞留状況については、期末に問題が発生しそうな債務を早めに把握するために、期中監査の段階から質問があると思われます。

第 4 章　期末監査の監査対応【負債・純資産項目】

Question 37

借入金の残高確認状の担当になったのですが、どのように対応すれば良いのですか？

Answer　残高確認状に必要事項を記入して届出印を押印し、監査人に引き渡すことと、回収後の差異分析が主な対応です。

― 解　説 ―

☆監査人の視点

　確認とは、会社の情報について監査人が直接外部の第三者に文書で問い合わせ、その回答を直接入手し評価する手続です。預金・手形・たな卸資産・売掛金・買掛金・貸付金・借入金など、幅広い勘定科目について実施されます。借入金残高の確認においては、監査人は主に以下のような視点から手続を行います。

監査人の視点	具体的内容
借入金の残高は正確か？	借入金の入出金（特に期末日付近の入出金）が正確に帳簿に記録され、正確な残高が計上されているかどうかを確認する必要があります。
全ての借入金が計上されているか？	帳簿に記録されず簿外扱いとなっている借入金がないかどうか、確認します。
そもそも借入金は実在しているか？	全く異なる入金を借入金に見せかけるなど、架空の借入金が計上されているリスクがありますので、帳簿に計上されている借入金が実在することを確認する必要があります。ただし、上の二つの視点と比べると、重要度は低いといえます。

第4章　期末監査の監査対応【負債・純資産項目】

☆確認の流れと対応上の注意点
① 金融機関に対する借入金

流れ	注意点
残高確認状の用紙の準備	・確認状の用紙は監査人が用意するものを使用し、必要事項を会社側で記入します。 ・取引口座のある全ての金融機関が発送対象です。このとき、預金や借入金の残高がゼロであったとしても、「ゼロであることを確認するため」発送対象となります。したがって、もはや使用しない口座は解約しておくと無駄が省けます。
残高確認状の記入	・回答の基準日は期末日です。 ・自社名や確認相手の金融機関名などを記入しますが、特に口座名義の記入と押印は正確にすることが大事です。届出と異なる口座名義や印鑑であると受け付けて貰えず、回収し記入し直して再発送する手間がかかります。 ・金融機関側の回答欄には、会社は一切記入をしてはいけません。気を利かせたつもりで「該当なし」などと記入してしまうと、「金融機関からの直接回答ではない」ということでやり直しになってしまいます。
残高確認状の発送	・送付用・返信用の封筒は監査人が用意するものを使用します。 ・残高確認状や封筒の記載内容について、発送前に監査人が確認を行い、問題なければ封入します。 ・投函は必ず監査人が行います。
残高確認状の回収	・返信は監査人に直接届くので、届いた都度、会社控え分を監査人から入手します。 ・金融機関の残高確認状は特に重要であるため、全件回収が大原則です。全件回収できるまで、金融機関に督促するよう監査人から依頼されることになります。 ・金融機関側の回答欄は全て記入されていなければなりません。全く取引のない項目でも「該当なし」などの回答が記入されていなければ、再発送となってしまいます。
差異の分析	・会社側の帳簿残高と金融機関からの回答額に差異がある場合、その理由を分析しなければなりません。その分析結果は銀行勘定調整表に記載し、監査人にも提出します。

第4章　期末監査の監査対応【負債・純資産項目】

② 取引先または関係会社に対する借入金

流れ	注意点
発送先の選定	・会社は監査人に、借入金の一覧表（紙またはデータ）を提出します。これに基づいて監査人が確認状の発送先を選定します。 ・借入金の場合は計上漏れのリスクに注意が必要なので、借入金の残高の有無に関係なく発送先を選択することがあります。この場合は残高に関係なく借入先の一覧表を監査人に提出します。
残高確認状の用紙の準備	・確認状の用紙は監査人が用意する場合と、会社側が用意する場合とがあります（後者であっても、監査人の要求を満たす様式であることが必要です）。 ・監査人が選定した借入先に対して残高確認状を用意します。
残高確認状の記入	・回答の基準日は期末日が基本です。 ・自社名や確認相手の借入先名などを正確に記入します。間違いがあると受け付けて貰えない場合もあり、回収し記入し直して再発送する手間がかかります。 ・借入金の計上漏れを発見することを重視して、確認状に会社側の残高を記入せずに空欄のままで送付する場合もあります。
残高確認状の発送	・送付用・返信用の封筒は監査人が用意するものを使用します。 ・残高確認状や封筒の記載内容について、発送前に監査人が確認を行い、問題なければ封入します。 ・投函は必ず監査人が行います。
残高確認状の回収	・返信は監査人に直接届くので、届いた都度、会社控え分を監査人から入手します。 ・全件回収が基本ですので、未回収の借入先に対しては督促するよう、監査人から依頼されます。しかし、どうしても回収できない場合には、監査人は代替的な手続を実施することになります。
差異の分析	・会社側の帳簿残高と借入先からの回答額に差異がある場合、その理由を分析しなければなりません。その分析結果は関連資料と一緒に監査人にも提出します。

第 4 章　期末監査の監査対応【負債・純資産項目】

> **PLUS α**
>
> 　確認は監査人が外部に直接問い合わせる手続ですが、確認状は監査人が自ら作成して発送・回収するわけではなく、確認状自体は会社の名義で作成してもらわねばなりません。これは、監査人名義の確認状が届いたとしても、相手先としては守秘義務があり回答できないからです。会社名義の確認状にすることで初めて、相手先としても回答できるのです。
>
> 　名義は会社名義であっても、記載内容を監査人が全て確認し、かつ発送・回収は監査人が自ら行うので、「監査人が直接確認した」といえるのです。

第4章 期末監査の監査対応【負債・純資産項目】

Question 38

貸倒引当金の算定根拠について根拠資料の依頼を受けましたが、どのような資料を提出すれば良いのでしょうか？

Answer 一般債権・貸倒懸念債権・破産更生債権等に分類して貸倒引当金を算定した資料と関連資料を提出します。

―――― 解　説 ――――

☆監査人の視点

監査人は主に以下のような視点から、貸倒引当金の計上額について確認する手続を行います。

監査人の視点	具体的内容
全ての貸倒引当金が計上されているか？	貸倒の懸念がある債権に対して引当金の検討がなされていなかったり、貸倒実績率を乗じる一般債権の集計に漏れがあったりする可能性があります。したがって、設定対象となる債権が全て把握されており、適切に貸倒引当金の計算が行われているかどうか確認する必要があります。
貸倒引当金の評価は適切か？	貸倒引当金の計算は、貸倒見積額の算定結果次第で大きく変動します。具体的には、一般債権の貸倒実績率の算定は適切に行われているか、貸倒懸念債権や破産更生債権等の回収見込額は適切に見積もられているか、といったことです。したがって、貸倒見積額の算定が適切に行われているかを確認する必要があります。

☆提出すべき資料

貸倒引当金の算定は、債権を以下の三つのグループに分けて行います。

① 一 般 債 権

経営状態に重要な問題が生じていない債権です。

過去の貸倒実績率等の合理的な基準を求め、これに基づいて貸倒引当金を計算します（貸倒実績率法）。

② **貸倒懸念債権**

経営破綻の状態までは至っていないが、債務の弁済に重要な問題が生じているかまたはその可能性が高い債権です。以下のどちらかの方法により貸倒引当金を算定します。

・債権額から担保や保証による回収見込額を控除し、その残額について債務者の財政状態や経営成績を考慮して貸倒引当金を算定します（財務内容評価法）
・割引将来キャッシュ・フローの見積額に基づいて貸倒引当金を算定します（キャッシュ・フロー見積法）

③ **破産更生債権等**

経営破綻または実質的な経営破綻に陥っている債権です。

上記の財務内容評価法により貸倒引当金を算定しますが、この場合は債権額から担保や保証による回収見込額を控除した残額について貸倒引当金を計上します。

第4章 期末監査の監査対応【負債・純資産項目】

【貸倒引当金の計算】

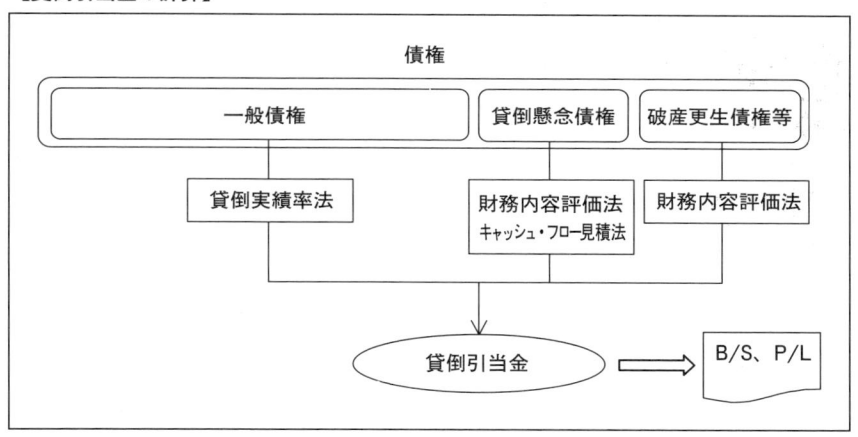

```
債権
├── 一般債権 → 貸倒実績率法
├── 貸倒懸念債権 → 財務内容評価法／キャッシュ・フロー見積法
└── 破産更生債権等 → 財務内容評価法
                    ↓
                  貸倒引当金 ⇒ B/S、P/L
```

　貸倒実績率を算定し一般債権に対する貸倒引当金を算定した一連の資料があるはずですので、これを監査人に提出します。また、貸倒懸念債権や破産更生債権等に分類された債権に対する引当額を算定した資料およびその関連資料（担保・保証の状況がわかる資料、将来キャッシュ・フローの見積り資料、破産関係手続の通知書など）も提出します。

PLUS α

　貸倒懸念債権や破産更生債権等の状況に関する資料については、会社ごとにファイルにまとめている会社が多いのですが、各社の最新の状況を適切に把握していないことが意外と多いです（数年前の資料で止まっており、その後どうなっているのか把握していないなど）。税務申告の際にも重要になる資料ですので、現状が明確にわかるように、情報の収集とその整理をしておく必要があります。

Question 39

賞与引当金の算定根拠について根拠資料の依頼を受けましたが、どのような資料を提出すれば良いのでしょうか？

Answer 賞与支給見込額と支給対象期間に基づいて、期末の賞与引当金計上額を算定した一連の資料を提出します。

=== 解　説 ===

☆監査人の視点

監査人は主に以下のような視点から、賞与引当金の計上額について確認する手続を行います。

監査人の視点	具体的内容
全ての賞与引当金が計上されているか？	賞与が支給される全ての従業員を対象として、賞与引当金が計算される必要があります。したがって、支給対象となる人員が全て把握されており、適切に賞与引当金の計算が行われているかどうか確認する必要があります。
賞与引当金の評価は適切か？	賞与引当金の計算は、支給見積額の算定結果次第で大きく変動します。具体的には、支給月数を何か月と見積もるのか、といったポイントが重要になります。したがって、賞与支給見積額の算定が適切に行われているかを確認する必要があります。

第4章　期末監査の監査対応【負債・純資産項目】

☆提出すべき資料

賞与引当金の算定は、以下の二つのポイントが重要です。

①　支給見込額

決算後の賞与支給時にどの程度支給する予定なのか。

②　支給対象期間

決算後に支給される賞与の対象期間はいつからいつまでなのか。

賞与引当金は、決算後の賞与支給見込額のうち決算までの期間を対象とする部分として算定されますので、その算定資料を監査人に提出します。また、その関連資料として給与規程や賞与支給予定に関する資料（人事部の資料、取締役会議事録など）も提出します。

【賞与引当金の計算】

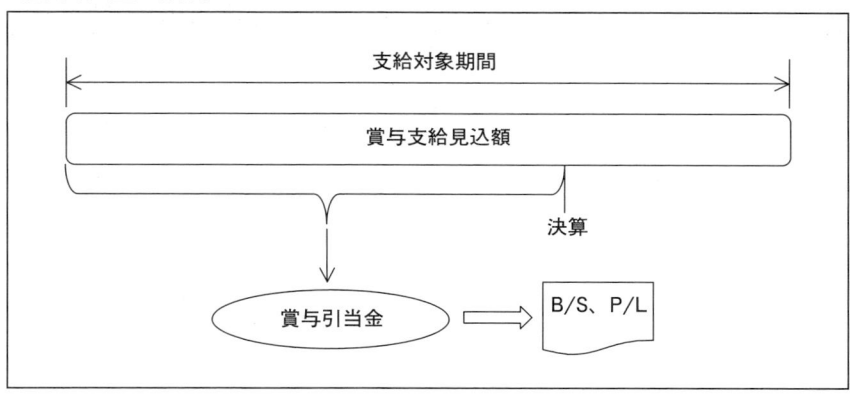

```
        ←――――――― 支給対象期間 ―――――――→
        ┌─────────────────────────────┐
        │        賞与支給見込額        │
        └─────────────────────────────┘
                              決算
              ↓
         ( 賞与引当金 )  ⇒  [ B/S、P/L ]
```

PLUS α

前回の決算時に計上していた賞与引当金と、その実際の支給額が大きくズレていないか監査人が確認を行うので、当期の賞与支給実績に関する資料も用意しておきます。もし引当金計上額と支給実績に大きな差異がある場合は、その理由の説明が必要です。

第4章　期末監査の監査対応【負債・純資産項目】

Question 40

退職給付引当金の算定根拠について根拠資料の依頼を受けましたが、どのような資料を提出すれば良いのでしょうか？

Answer　退職給付引当金の算定資料と、その算定要素ごとの根拠資料を提出します。

=== 解　説 ===

☆監査人の視点

監査人は主に以下のような視点から、退職給付引当金の計上額について確認する手続を行います。

監査人の視点	具体的内容
全ての退職給付引当金が計上されているか？	退職給付の対象となる全ての従業員を対象として、退職給付引当金が計算される必要があります。したがって、給付対象となる人員が全て把握されており、適切に退職給付引当金の計算が行われているかどうか確認する必要があります。
退職給付引当金の評価は適切か？	退職給付引当金の計算においては、複雑な年金数理計算によって退職給付債務を求める必要があるほか、年金資産の時価の把握や未認識債務の加減算など、非常に複雑な計算過程が要求されます。したがって、引当額の算定が適切に行われているかを確認する必要があります。

第4章 期末監査の監査対応【負債・純資産項目】

☆提出すべき資料

退職給付引当金の算定における、算定要素のイメージは以下のとおりです。

【退職給付引当金の構成】

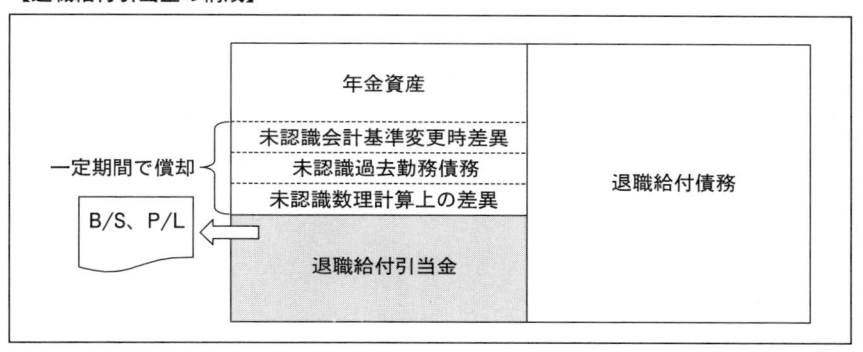

```
            ┌─────────────────────────────┬──────────────┐
            │         年金資産             │              │
            ├─────────────────────────────┤              │
   一定期間で ┤  未認識会計基準変更時差異    │              │
   償却    ┤  未認識過去勤務債務          │  退職給付債務 │
            │  未認識数理計算上の差異      │              │
  B/S、P/L ←┤─────────────────────────────┤              │
            │       退職給付引当金         │              │
            └─────────────────────────────┴──────────────┘
```

　上表の算定要素を取りまとめ、最終的な退職給付引当金を算定した資料があるはずですので、これを監査人に提出します。また、各算定要素の根拠資料として以下のような資料を提出します。

・退職給付債務

　年金数理人による数理計算レポート、自社で計算している場合はその計算資料、ころがし計算をしている場合の計算資料、給付対象となる従業員数・割引率・期待運用収益率・平均残存勤務期間などの基礎数値の根拠資料など

・未認識債務（会計基準変更時差異、過去勤務債務、数理計算上の差異）

　未認識債務の償却明細資料、新たな未認識債務の算定資料など

・年金資産

　年金資産時価の残高証明書など

　また、上記の資料のうち年金数理人の数理計算レポートや年金資産時価の残高証明書は、会社から監査人に提出するだけでなく、監査人が外部に直接確認することが多いので、この確認手続の対応も必要になります。

第4章 期末監査の監査対応【負債・純資産項目】

> **PLUS α**
>
> 　退職給付会計における未認識債務の処理については、今後改正が予定されています。
> 　未認識債務について現在は、一旦簿外扱いとした上で一定期間での償却を行いますが、改正後は即時に負債計上することが求められます。

第4章　期末監査の監査対応【負債・純資産項目】

Question 41
資本金および資本剰余金の残高について根拠資料の依頼を受けましたが、どのような資料を提出すれば良いのでしょうか？

Answer　登記簿謄本、期中の増資等に関連する議事録や評価資料などが必要です。

―――――――――――― 解　説 ――――――――――――

☆監査人の視点

監査人は主に以下のような視点から、純資産項目の残高について確認する手続を行います。

監査人の視点	具体的内容
資本金および資本剰余金は本当に実在しているか？	正式な手続を経ていない入金が資本金として計上されていたり、預合いや見せ金といった架空の出資が計上されていたりするケースがあります。したがって監査人は、実在する出資が資本金および資本剰余金として計上されているのかどうかを確認する必要があります。
資本金および資本剰余金の評価は適切か？	現金の入金による出資であれば評価の問題は発生しませんが、現物出資や企業結合などによる増資が発生した場合、過大評価により嵩上げされているリスクがあります。したがって監査人は、資本金および資本剰余金の評価が適切であるかどうかを確認する必要があります。

☆提出すべき資料

法的な手続を経た資本金の額および発行済株式総数の根拠として、登記簿謄本を監査人に提出します。このとき期末日より古い時点のものを提出しても証拠力が弱いので、期末日以後の時点の登記簿謄本を提出します。

また、当期中に増資等が発生した場合は、それを決議している取締役会議事録、株主総会議事録や登記申請書類などを提出し、適切な手続を経ていること

を説明します。現金の入金を伴う増資であれば預金通帳などの該当部分を呈示し、入金の事実を証明します。また現物出資や企業結合などによる増資の場合は、増加する資本の評価の根拠として、社内および外部専門家による評価書などを提出します。

> **PLUS α**
>
> 　企業結合に係る会計処理は、その企業結合の形態に応じて適切な会計処理を選択する必要があります。決算の段階で誤りが発覚して大慌てすることなどないよう、事前に監査人によく確認した上で処理をすることが望ましいです。

COLUMN 4
棚卸立会のススメ

　監査法人時代、毎年決算日になると各地の工場や倉庫に棚卸の立会に伺いました。思い返せば、本当に色々な棚卸があって面白かったです。普通なら一生経験できないような珍しいものもありました。

　私自身の実体験でいえば、石油化学工業の原料の棚卸に立ち会い、コンビナートの巨大タンクに登ったことがありました。タンクの外壁に取り付けられている階段を登るので、高所恐怖症の人には絶対無理だと思いました。海辺のヤードに山脈のごとく積み上げられた鉄屑（スクラップ）にレーザーを当てて、体積を計算したこともあります。

　また、当時大人気だったキャラクターグッズの棚卸にも立ち会ったことがあります。「子供たちがこれ見たら大歓声あげるだろうな」と思っていたら、ラッキーなことに新作の試供品を1つ頂いてしまいました。

　いや、それで「棚卸立会のススメ」なんて言いたいわけではないんです。

　棚卸の現場に行くと、当然ながら会社の製品や原材料などの現物や、製造現場などをじっくり見ますので、会社のビジネスに対する理解が深まるんです。「〇〇を売ってる会社だ」と頭ではわかっていても、やはり現物を見ないと具体的なイメージが持てません。

　それともう一つ、立会の間はずっと会社の方と一緒ですので、そこで会社の方と親しくなれたりもするんですね。

　会社側からすれば、棚卸に監査人が立ち会うことは「面倒だな」と思うところもあるかもしれません。しかし、監査人に会社のビジネスをしっかり理解してもらった方が、その後のやりとりは確実にスムーズになります。お互い気軽

に話ができる関係になるとなお良しです。今度の棚卸のとき、監査人と雑談なんかしてみてはいかがでしょうか？

第5章

期末監査の監査対応【損益項目】

　損益項目の監査手続を実施するにあたっては、「売上が実在するのか」（実在性）、「費用は全て網羅されているのか」（網羅性）、さらには「損益の期間配分は正しいか」（期間配分の適切性）というポイントが特に重要になります。

　第4章に続き、監査人の意図を理解し、損益項目についてスムーズな期末監査の監査対応を行うために知っておくべき事項を、代表的な期末監査の手続ごとに解説します。

第 5 章　期末監査の監査対応【損益項目】

Question 42　損益項目の監査手続を実施するにあたって、監査人が重視するポイントは何ですか？

Answer　収益が過大計上されていないかどうかが大事なポイントです。費用が漏れなく計上されているかどうかが大事なポイントです。

=== 解　説 ===

　損益項目の監査手続を実施するにあたって考えられる監査のポイントとしては、以下のようなものが挙げられます。
- 本当に存在する収益・費用かどうか（実在性）
- 全ての収益・費用が計上されているかどうか（網羅性）
- 適切な時期に計上されているか（期間配分の妥当性）

　法定監査を受けていない中小企業などでは、利益を減らして税金を減らすことが比較的重視されますので、どちらかというと費用の過大計上（架空計上や早期計上）や収益の過少計上（隠蔽や先送り）のリスクの方が高いといえます。これに対して法定監査を受けているような大企業では、できるだけ多くの利益を確保することが比較的重視されますので、収益の架空計上や前倒計上がされていたり、逆に費用の隠蔽ないし先送りがされていたりするリスクの方が高いといえます。つまり「収益の過大計上・費用の漏れ」のリスクが高いといえます。
　したがって、監査人が損益項目の監査手続を実施する際には、特に以下のポイントを重視します。
- 本当に存在する収益かどうか（実在性）
- 全ての費用が計上されているか（網羅性）
- 収益の計上が早すぎたり、費用の計上が遅すぎたりしていないか（期間配分の妥当性）

第5章　期末監査の監査対応【損益項目】

これを具体例で説明すると、以下のとおりです。

ポイント	具体例
収益の実在性	・循環取引などによる架空の売上が計上されている ・本来は仮受金などで計上すべき入金を収益として計上している
費用の網羅性	・仕入が計上されず隠蔽されている ・期末日後に賞与支給が予定されているのに賞与引当金が計上されていない ・遊休固定資産があるのに減損損失が計上されていない
期間配分の妥当性	・翌期に計上されるべき売上が当期に前倒しで計上されている ・当期に計上されるべき仕入が先送りされており計上されていない ・当期に未払計上されるべき広告宣伝費が計上されていない

PLUS α

十分な利益を確保している会社の場合、上記の内容とは逆に、「費用の過大計上」がポイントとなる場合もあります。つまり、「未払金、引当金、減損などを当期に過大に計上してしまうことで、翌期以降の費用負担を軽くする」といったリスクにも、監査人は注意を払うことになります。

第5章　期末監査の監査対応【損益項目】

| Question 43 | 売上高全般の分析用資料の依頼を受けましたが、どのような資料を提出すれば良いのでしょうか？ |

Answer　売上高、販売数量、平均単価、売上総利益率などについて、商品別・部門別に記載した資料や、月次推移表、予算実績比較表、前期比較表など、複数の視点から分析した資料を監査人に提出します。

=== 解　説 ===

☆監査人の視点

　売上高は会社の損益を左右する最も重要な要素といってよいものです。また、だからこそ粉飾に使われやすいところでもあります。監査人は売上高が適切に計上されているかよく確認する必要がありますが、売上高は会社の1年間の販売活動の集大成であり、無数の売上取引の集まりです。この全ての売上取引について証憑書類を突合できればよいのですが、膨大な労力とコストを要するため現実的ではありません。

　そこで監査人は、主に以下のような視点から、売上高全般を分析する手続を行います。

監査人の視点	具体的内容
売上高の金額は監査人が推定する金額と概ね一致しているか？	預金や借入金などの残高については、金融機関に確認手続を行えば正確な残高を入手できます。しかし売上高については、誰かに問い合わせたところで正確な残高など入手できません。また、売上取引はそれこそ無数にありますので、全ての取引を検証することなど不可能です（もちろん、部分的には検証します）。 　したがって、監査人は景気・流行・トラブルといった会社を取り巻く環境や、事業計画・営業方針などの会社の内部事情を総合的に勘案し、売上高の数値が監査人の想定どおりかどうかを大局的に分析して確かめます。

第5章　期末監査の監査対応【損益項目】

☆提出すべき資料

売上高に関する様々な数値（売上高、販売数量、平均単価、売上総利益率など）について、商品別・部門別に記載した資料や、月次推移表、予算実績比較表、前期比較表などを監査人に提出します。一から作成しなくとも、通常は役員会などの報告用にこのような資料が作成されるはずなので、それを最大限活用すると効率的です。

これらの資料は単に数字を羅列するだけでなく、以下のようなポイントについては解説を付け加えておくことで、後から監査人に何度も説明を求められることを避けることができます。

- 比較的大きな変動や差異の原因
- 商品を取り巻く景気や流行度合など
- 新規取扱商品や取扱中止商品などの情報
- 販売価格の変更
- リコールなどのトラブル
- 販売促進活動の強化

監査人はこの資料や、その他の手続で入手した情報を総合的に考慮し、当期の売上高を推定して実際の売上高の計上額と大きな乖離がないか検討したり、増減内容の理由が合理的なものであるか検討したりします。これにより、当期の売上高が概ね妥当であるかどうかを確認するのです。

> **PLUS α**
>
> 監査人が会社に増減理由などを質問する場合、口頭での回答を入手して終わる場合もあれば、その根拠資料まで依頼する場合もあります。例えばA商品の売上高が増加した理由について「10月から販売単価を引き上げたからです」という回答であれば、確かに10月から販売単価が上がっていることがわかる資料を依頼したりします。ですので、いい加減に回答しているとその内容が根拠資料と整合せず、監査人に不信感を抱かれることがありますので、きちんと確認した情報を回答する必要があります。

第5章　期末監査の監査対応【損益項目】

Question 44 売上取引のカットオフ資料について根拠資料の依頼を受けましたが、どのような資料を提出すれば良いのでしょうか？

Answer 売上取引は多種多様であるため、一概には言えません。個々の取引に応じた必要書類を用意する必要があります。ただ、カットオフ手続は「計上時期が適切かどうか」を重点的に確認する手続ですので、売上を計上するべき日付がわかる資料が特に重要になります。

―――― 解　説 ――――

☆監査人の視点

監査人は主に以下のような視点から売上取引のカットオフ手続を行います。

監査人の視点	具体的内容
売上高の金額は正しいか？　本当に「売上」か？	そもそも、正確な金額で売上が計上されていなければ話になりません。単純な売上取引であれば故意でない限り計上額を誤ることは考えにくいですが、複雑な取引の場合は誤る可能性も十分あります。監査人としては金額の正確性は当然に確認しなければならないポイントです。 また、本来営業外収益に計上すべきものが売上高に計上されていることもありますので、取引の内容についても確認をします。
実在する売上か（架空売上ではないか）？	架空売上の計上は、典型的な粉飾決算の手口です。監査人としては、本当に会社の製品が出荷されているのか、実際にサービスの提供は行われているのか、循環取引などではないか、といった点に注意して手続を行います。
売上計上の時期は正しいか？	売上をどのタイミングで計上するかによって当期利益は大きく変動しますので、会社が定めている適切な計上基準のとおりに計上されているか確認します。特に、利益を出すために売上の前倒し計上が行われるリスクに注意しながら手続を行います。 カットオフ手続は、期末日前後の売上取引を抽出してその証憑書類と突合を行い、適切な時期に計上されているかどうか（前倒し計上などされていないか）を確認する手続です。したがって、上の二つの視点ももちろん重要なのですが、カットオフ手続においては特に「計上時期」に重点をおいて確認を行います。

第5章　期末監査の監査対応【損益項目】

☆提出すべき資料

最終的には同じ「売上高」に計上されるとはいえ、売上取引にはあまりにも多くの形態がありますので、その根拠資料については一概には言えません。したがって、いくつかの一般的な売上取引の形態を例に挙げて解説します。

ここで一つ、以下の全てに共通する大事なことは、「会社内部の書類だけでは監査人は納得しない」ということです。これは売上に限った話ではないのですが、売上勘定は特に粉飾に使われやすい性質（架空売上など）を持っていますので、会社内部の書類だけでは証拠として弱く、監査人は極力会社外部の書類を確認しようとします。ですから、以下に列挙している書類についても、外部書類であることがわかる（得意先の押印がある、運送業者の押印があるなど）書類をできるだけ提出する必要があります。

カットオフ手続においては、上記のとおり売上の計上時期に特に重点をおいて確認を行いますので、計上すべき日付のわかる外部書類の提出が重要になります。

① **製品・商品の出荷売上**

最も一般的な売上取引でしょう。以下のような取引を想定しています。
- メーカーが工場から製品を取引先に出荷
- 卸売業者が倉庫から商品を取引先に出荷

【出荷売上（イメージ）】

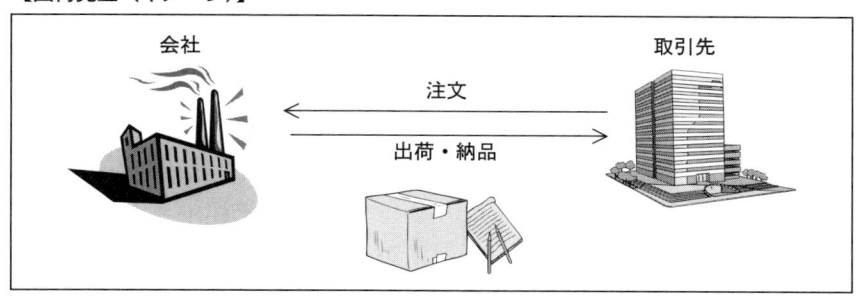

根拠資料としては、納品に至るまでの一連の資料（注文書、注文受書、契約書、出荷指示書、受領書（運送業者）、納品書（取引先押印あり）など）を監

第5章　期末監査の監査対応【損益項目】

査人に提出します。

　監査人は、金額については注文書や契約書などで確認します。また、注文や契約のとおりに実際に出荷がなされていることを出荷指示書・受領書・納品書などで確認し、実在する売上であることを確認します。さらに、会社の売上計上基準にもよりますが、出荷指示書・受領書・納品書などの日付と売上計上日が整合していることをチェックし、計上時期が正しいことを確認します。

　取引によっては、計上されている売上取引は上記の書類に記載されている取引の一部分であったりして、ピタリと一致しないことも多いです。このような場合は補足の資料や説明が必要でしょう。

　これが輸出取引であれば、インボイス（商業送り状）、パッキングリスト（梱包明細書）、B/L（船荷証券）などの船積書類の提出が必要です。

②　受注製造の売上

　取引先からの要望に応じた製品を製造し、納品する取引です。以下のような取引を想定しています。

- 建設業者がビルを建設して取引先に納品
- ソフトウェア開発業者がソフトウェアを開発して取引先に納品

【受注売上（イメージ）】

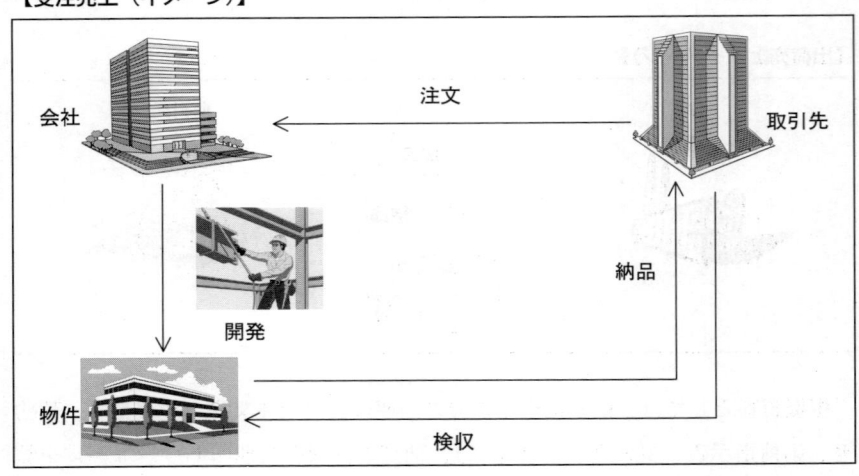

第5章 期末監査の監査対応【損益項目】

　根拠資料としては、納品に至るまでの一連の資料（注文書、注文受書、契約書、完成報告書（現場）、検収証明書（取引先）など）を監査人に提出します。
　監査人は、金額については注文書や契約書などで確認します。また、注文や契約のとおりに実際に完成・納品がなされていることを完成報告書や検収証明書などで確認し、実在する売上であることを確認します。さらに、完成報告書や検収報告書などの日付と売上計上日が整合していることをチェックし、計上時期が正しいことを確認します。
　工事進行基準で売上を計上している場合は、期末日現在の工事進捗率の算定が適切に行われているかどうかがカギになります。したがって監査人には、工事進捗率を算定している計算資料と、これに基づいて当期の売上計上額を算定している計算資料を提出し、さらにその根拠資料として工事台帳や契約書なども提出します。

③　継続的サービス提供の売上

　基本契約に基づいて、継続的にサービスを提供する取引です。以下のような取引を想定しています。
- ケーブルテレビ会社による番組の配信
- コンサルティング会社の顧問業

【継続的サービス売上イメージ】

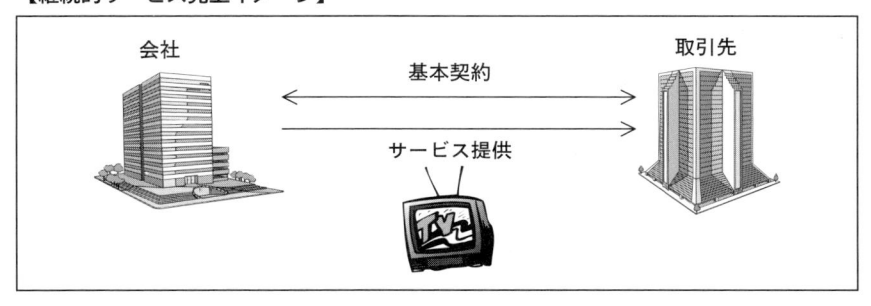

　根拠資料としては、月々の売上計上額がわかる資料（申込書、基本契約書、入金明細など）を監査人に提出します。また、固定部分だけでなく変動料金部

第 5 章　期末監査の監査対応【損益項目】

分もある場合は、請求書などを提出します。

> **PLUS α**
>
> 　個別に説明が必要な取引があれば、営業担当者が監査人に説明する日程を事前に押さえておく必要があります。また、担当者がどうしても日程を確保できない場合は、他の営業担当者ないし経理担当者が監査人に説明できるよう引き継いでおくことが望ましいです。期末監査の期間は限られていますので、「営業担当者に質問しようと思ったら長期出張中で、監査期間中に話を聞けなかった」などということを避けるためです。

第5章　期末監査の監査対応【損益項目】

Question 45 売上原価全般の分析用資料の依頼を受けましたが、どのような資料を提出すれば良いのでしょうか？

Answer 売上高、売上原価、販売数量、平均原価、売上原価率などについて、商品別・部門別に記載した資料や、月次推移表、予算実績比較表、前期比較表など、複数の視点から分析した資料を監査人に提出します。

===== 解　説 =====

☆監査人の視点

　売上原価は売上高とセットで会社の損益を左右する、最も重要な要素といってよいものです。また、だからこそ粉飾に使われやすいところでもあります。監査人は売上原価が適切に計上されているかよく確認する必要がありますが、売上原価は会社の一年間の仕入その他の取引の集大成であり、無数の取引の集まりです。この全ての取引について証憑書類を突合できればよいのですが、膨大な労力とコストを要するため現実的ではありません。

　そこで監査人は、主に以下のような視点から、売上原価全般を分析する手続を行います。

監査人の視点	具体的内容
売上原価の金額は監査人が推定する金額と概ね一致しているか？	預金や借入金などの残高については、金融機関に確認手続を行えば正確な残高を入手できます。しかし売上原価については、誰かに問い合わせたところで正確な残高など入手できません。また、原価に含まれる取引はそれこそ無数にありますので、全ての取引を検証することなど不可能です（もちろん、部分的には検証します）。 　したがって、監査人は景気・流行・トラブルといった会社を取り巻く環境や、事業計画・営業方針・生産上のトラブルなどの会社の内部事情を総合的に勘案し、売上原価の数値が監査人の想定どおりかどうかを大局的に分析して確かめます。

第5章　期末監査の監査対応【損益項目】

☆提出すべき資料

売上原価に関する様々な数値(売上高、売上原価、販売数量、平均原価、売上原価率など)について、商品別・部門別に記載した資料や、月次推移表、予算実績比較表、前期比較表などを監査人に提出します。一から作成しなくとも、通常は役員会などの報告用にこのような資料が作成されるはずなので、それを最大限活用すると効率的です。

これらの資料は単に数字を羅列するだけでなく、以下のようなポイントについては解説を付け加えておくことで、後から監査人に何度も説明を求められることを避けることができます。

- 比較的大きな変動や差異の原因
- 売上高と連動しない原価の変動の原因
- 商品を取り巻く景気や流行度合など
- 新規取扱商品や取扱中止商品などの情報
- 仕入価格の変更
- 主要な仕入先の変更
- 原価低減活動の強化

監査人はこの資料や、その他の手続で入手した情報を総合的に考慮し、当期の売上原価を推定して実際の売上原価と大きな乖離がないか検討したり、増減内容の理由が合理的なものであるか検討したりします。これにより、当期の売上原価が概ね妥当であることを確認するのです。

> **PLUS α**
>
> 売上原価は基本的には売上高と連動して変動します。したがって、売上原価だけでなく売上高の金額も関連させて分析している資料である必要があります。また、売上高と連動しないような売上原価の変動が見られる場合には、その原因を確認しておくことが重要です。

第5章 期末監査の監査対応【損益項目】

Question 46

仕入取引のカットオフ手続について根拠資料の依頼を受けましたが、どのような資料を提出すれば良いのでしょうか？

Answer 仕入取引については見積書、注文書、契約書、納品書（仕入先）、検収報告書（現場）、請求書（仕入先）などが必要です。ただ、カットオフ手続は「計上時期が適切かどうか」を重点的に確認する手続ですので、仕入を計上するべき日付がわかる資料が特に重要になります。

―― 解　説 ――

☆監査人の視点

仕入取引については、監査人は主に以下のような視点から仕入取引のカットオフ手続を行います。

監査人の視点	具体的内容
仕入高の金額は正しいか？	そもそも、正確な金額で仕入が計上されていなければ話になりません。監査人としては金額の正確性は当然に確認しなければならないポイントです。
実在する仕入か（架空仕入ではないか）？	架空仕入の計上は、典型的な横領の手口です。また、架空売上のセットとして架空仕入が計上されている可能性もあります。監査人としては、本当に商品や原材料が入荷されているのか？といった点に注意して手続を行います。
仕入計上の時期は正しいか？	仕入をどのタイミングで計上するかによって当期利益は大きく変動しますので、会社が定めている適切な計上基準のとおりに計上されているか確認します。特に、利益を出すために仕入の先送り計上が行われるリスクに注意しながら手続を行います。 カットオフ手続は、期末日前後の仕入取引を抽出してその証憑書類と突合を行い、適切な時期に計上されているかどうか（先送り計上などされていないか）を確認する手続です。したがって、上記二つの視点ももちろん重要なのですが、カットオフ手続においては特に「計上時期」に重点をおいて確認を行います。

第5章　期末監査の監査対応【損益項目】

☆提出すべき資料

根拠資料としては、入荷までの一連の資料（見積書、注文書、契約書、納品書（仕入先）、検収報告書（現場）など）や仕入先からの請求書を監査人に提出します。

監査人は、金額については注文書・契約書・請求書などで確認します。また、注文や契約のとおりに実際に入荷がなされていることを納品書・検収報告書などで確認し、実在する仕入であることを確認します。さらに、会社の仕入計上基準にもよりますが、納品書・検収報告書などの日付と仕入計上日が整合していることをチェックし、計上時期が正しいことを確認します。

これが輸入取引であれば、インボイス（商業送り状）、パッキングリスト（梱包明細書）、B/L（船荷証券）などの船積書類の提出が必要です。

ここで一つ大事なことは、「会社内部の書類だけでは監査人は納得しない」ということです。これは売上や仕入に限った話ではないのですが、売上勘定や仕入勘定は特に粉飾に使われやすい面を持っていますので、会社内部の書類だけでは証拠として弱く、監査人は極力会社外部の書類を確認しようとします。ですから、上に列挙している書類についても、外部書類であることがわかる（仕入先の押印があるなど）書類をできるだけ提出する必要があります。

カットオフ手続においては、上記のとおり仕入の計上時期に特に重点を置いて確認を行いますので、計上すべき日付のわかる外部書類の提出が重要になります。

PLUS α

個別に説明が必要な取引があれば、購買担当者が監査人に説明する日程を事前に押さえておく必要があります。また、担当者がどうしても日程を確保できない場合は、他の購買担当者ないし経理担当者が監査人に説明できるよう引き継いでおくことが望ましいです。期末監査の期間は限られていますので、「購買担当者に質問しようと思ったら長期出張中で、監査期間中に話を聞けなかった」などということを避けるためです。

第5章 期末監査の監査対応【損益項目】

Question 47 販売費及び一般管理費（以下、販管費）全般の分析用資料の依頼を受けましたが、どのような資料を提出すれば良いのでしょうか？

Answer 全社または部門別に、勘定科目別の月次推移表、予算実績比較表、前期比較表など、複数の視点から分析した資料を監査人に提出します。

解　説

☆監査人の視点

監査人は販管費が適切に計上されているかよく確認する必要がありますが、一口に販管費といっても多くの勘定科目からなり、かつそれぞれが膨大な取引の集まりです。この全ての取引について証憑書類を突合できればよいのですが、膨大な労力とコストを要するため現実的ではありません。

そこで監査人は、主に以下のような視点から、販管費全般を分析する手続を行います。

監査人の視点	具体的内容
販管費の金額は監査人が推定する金額と概ね一致しているか？	預金や借入金などの残高については、金融機関に確認手続を行えば正確な残高を入手できます。しかし販管費については、誰かに問い合わせたところで正確な残高など入手できません。また、販管費に含まれる取引はそれこそ無数にありますので、全ての取引を検証することなど不可能です（もちろん、部分的には検証します）。 　したがって、監査人は景気・流行・トラブルといった会社を取り巻く環境や、事業計画・営業方針などの会社の内部事情を総合的に勘案し、販管費の数値が監査人の想定どおりかどうかを大局的に分析して確かめます。

☆提出すべき資料

全社または部門別に、販管費の勘定科目別の月次推移表、予算実績比較表、

第5章　期末監査の監査対応【損益項目】

前期比較表など、複数の視点から分析した資料を監査人に提出します。一から作成しなくとも、通常は役員会などの報告用にこのような資料が作成されるはずなので、それを最大限活用すると効率的です。

　これらの資料は単に数字を羅列するだけでなく、以下のようなポイントについては解説を付け加えておくことで、後から監査人に何度も説明を求められることを避けることができます。

- 比較的大きな変動や差異の原因
- 商品を取り巻く景気や流行度合など
- 新規取扱商品や取扱中止商品などの情報
- 重要な取引価格の変更
- 主要な取引先の変更
- 経費削減活動の強化
- 勘定科目の変更

　監査人はこの資料や、その他の手続で入手した情報を総合的に考慮し、当期の販管費を推定して実際の販管費と大きな乖離がないか検討したり、増減内容の理由が合理的なものであるか検討したりします。これにより、当期の販管費が概ね妥当であることを確認するのです。

PLUS α

　監査人が会社に増減理由などを質問する場合、口頭での回答を入手して終わる場合もあれば、その根拠資料まで依頼する場合もあります。例えば広告宣伝費が増加した理由について「販促キャンペーンを積極的に行ったから」という回答であれば、確かに大きな販促キャンペーンを行っていることがわかる資料（広告会社からの請求書など）を依頼したりします。ですので、いい加減に回答しているとその内容が根拠資料と整合せず、監査人に不信感を抱かれることがありますので、きちんと確認した情報を回答する必要があります。

第5章　期末監査の監査対応【損益項目】

Question 48
営業外損益・特別損益項目の担当になったのですが、どのように監査人の対応をすれば良いですか？

Answer　収益が過大計上されていないかどうかが大事なポイントです。費用が漏れなく計上されているかどうかが大事なポイントです。

―――解　説―――

　法定監査を受けていない中小企業などでは、利益を減らして節税することが比較的重視されますので、どちらかというと費用の過大計上（架空計上や早期計上）や収益の過少計上（隠蔽や先送り）のリスクの方が高いといえます。これに対して法定監査を受けているような大企業では、できるだけ多くの利益を確保することが比較的重視されますので、収益の架空計上や前倒計上がされていたり、逆に費用は隠蔽ないし先送りされていたりするリスクの方が高いといえます。つまり「収益の過大計上・費用の漏れ」のリスクが高いといえます。

　したがって、監査人が営業外損益・特別損益項目の監査手続を実施する際には、特に以下のポイントを重視します。

- 本当に存在する収益かどうか（実在性）
- 全ての費用が計上されているか（網羅性）
- 収益の計上が早すぎたり、費用の計上が遅すぎたりしていないか（期間配分の妥当性）
- 表示区分は適切か（表示の妥当性）

☆提出すべき資料

① 営業外損益

　営業外損益の中でも受取利息・受取配当金・支払利息割引料などは、借入金や投資の残高や金利の変動などにより金額の変動はあるものの、毎期継続的に

第 5 章　期末監査の監査対応【損益項目】

発生する項目です。これらについては、監査人の求めに応じて期中の入出金根拠（預金通帳、当座勘定照合表、利息や配当金の通知書）を提出し、また期末の未収収益や未払費用の計算資料を提出します。

　雑収入や雑損失などについては、毎期継続的に発生するものもあれば臨時突発的に発生するものもあります。そこで、まずは雑収入や雑損失の内訳明細書を提出し、監査人の求めに応じて必要な資料を提出することになるでしょう。しかし、明らかに金額的に重要である内訳項目については、その計上根拠となる資料も同時に提出しておくと効率的です。

② **特 別 損 益**

　固定資産売却益、投資有価証券売却益、固定資産除売却損、減損損失、投資有価証券売却損、投資有価証券評価損など、臨時突発的に発生するもので金額的にも重要性のあるものが特別損益に計上されます。

　これらは期中に発生したものであれば、その都度監査人から説明や資料の依頼がありますので、その都度以下のとおり対応します。

・固定資産除売却損益
　　見積書、決裁書、売買契約書、預金通帳、当座勘定照合表、受領書、廃棄業者の確認書、固定資産台帳など
・有価証券売却損益
　　決裁書、売買契約書、取引報告書、預金通帳、当座勘定照合表、有価証券台帳など

減損損失や投資有価証券評価損のような期末に発生するものについては、期末の算定資料を提出します。

・減損損失
　　兆候の判定、認識の判定、損失の測定の 3 ステップの検討資料とその関連資料（将来キャッシュ・フローの見積り資料、不動産鑑定評価書など）
・投資有価証券評価損
　　期末評価の一覧表と、個別の時価及び実質価額の根拠資料

第5章　期末監査の監査対応【損益項目】

> **PLUS α**
>
> 　事業再構築損などといった特に臨時突発的なものについては、それが発生する可能性が生じた段階から、会計処理について監査人と協議しておくべきです。期末監査の時期に初めて協議すると、「損失の額はこれで正しいのか、表示区分は特別損失で正しいのか、注記は必要なのか」といった点で思わぬ意見衝突が生じて大慌てすることがあります。

第5章 期末監査の監査対応【損益項目】

Question 49 法人税、住民税及び事業税(以下、法人税等追徴額や法人税等還付額などの勘定科目も含めて「法人税等」とします)について根拠資料の依頼を受けましたが、どのような資料を提出すれば良いのでしょうか?

Answer 中間納税額(納付済)、確定申告額(未納付)、追徴税額または還付税額、源泉徴収税額についての根拠資料を提出します。

=== 解 説 ===

☆監査人の視点

監査人は主に以下のような視点から、法人税等の計上額を確認する手続を行います。

監査人の視点	具体的内容
法人税等の残高は正確か?	中間納税額が正確に計上され、また正確な確定申告計算に基づいて期末の法人税等が計上されているかどうかを確認する必要があります。法人税等の申告書は、大会社では非常に難解な計算が行われていることも多く、監査チームでは確認しきれない場合は、提携先の税理士法人などに監査手続(タックスレビュー)を依頼することもあります。
全ての法人税等が計上されているか?	法人税等には、税務調査による追徴税額や還付税額、住民税の均等割りなども忘れずに計上しなければなりません。漏れなく全ての法人税等が計上されているかどうかを確認する必要があります。

☆提出すべき資料

期末の法人税等の残高は、基本的には以下の金額から構成されています。

- 中間納税額(納付済)
- 確定申告額(未納付)
- 追徴税額または還付税額
- 源泉徴収税額

第5章　期末監査の監査対応【損益項目】

3月決算の会社を例として図示すると、以下のとおりです。

【法人税等の構成イメージ】

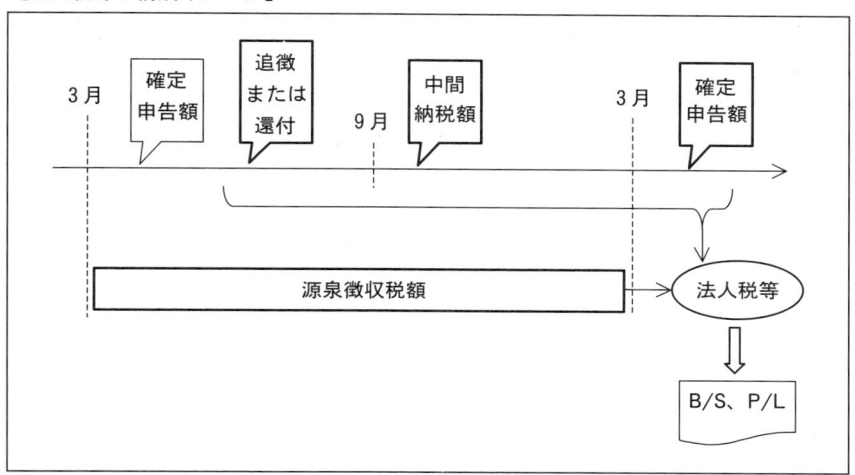

```
3月    確定     追徴      9月    中間           3月   確定
      申告額   または          納税額                申告額
               還付
      ├────────────────────────────────────→
              源泉徴収税額          →   法人税等
                                         ↓
                                       B/S、P/L
```

　したがって監査人は、法人税等の元帳と根拠書類の突合を実施して、期末の法人税等の残高が適切かどうか確認します。この根拠資料としては、以下のような資料を監査人に提出します。

・追徴税額または還付税額
　　追徴税額または還付税額の通知書、修正申告書、更正の請求書、納付書、預金通帳、当座勘定照合表など
・中間納税額
　　中間申告書、納付書、預金通帳、当座勘定照合表など
・確定申告税額
　　当期の確定申告書ドラフト（または税金計算資料）
・源泉徴収税額
　　配当金や利息など源泉徴収がある収入の通知書

第5章 期末監査の監査対応【損益項目】

> **PLUS α**
>
> 　確定申告税額は期末日時点では当然未納ですので、未払計上することになります。このとき、未払法人税等を計上する時点での見積り税額と、最終的な申告納税額とがズレることを想定し、見積り税額より少し多めに（クッション部分を上乗せして）未払法人税等を計上しておくことがあります。このこと自体は会計上即座に否定されるものではありませんが、あまりにクッションを上乗せしすぎると、「過度の保守主義」であるとして監査人から指摘を受ける可能性があります。

COLUMN 5 独立性の確保

　私が監査法人に入社した頃は、まだ昼食は会社にごちそうして頂くことが多い時代でした。社員食堂で自由に食べさせて頂けるところも結構ありました。会社によって全くカラーが違いますが、飲み会によく連れて行ってくれる会社もありました。出張ベースで東京の商社にお伺いしていた頃は、よく会社の方に連れて行って頂きました。商社だけあってみなさんお酒が強く、よく飲み過ぎたことを思い出します（監査チームも酒好きが集まっていたので、身内だけで飲みに行っても頻繁に記憶をなくしていました）。工場監査に行くと必ず会社との飲み会がセットになっているところもありました。

　ただ、独立性の確保が厳しく言われるようになって、昼食代を出して頂くことはなくなり、また接待を受ける場合は法人内での承認が必要になりました。個人的には昼食や飲み会でごちそうして頂いたからといって、独立性が害されるようなことはないと思います。しかし、だからといって当然のように毎回ごちそうして頂くのもおかしいので、自然な流れかなとも思います。

　ただ残念なのは、これを機に昼にしろ夜にしろ、会社の方とご一緒する機会がずいぶん減ったことです。別にごちそうする必要はないので、自腹でも会社と監査人が一緒に食事に行く機会を定期的に持つべきだと思います。できればそこでお酒も入れば、より交流が深まることでしょう。会議室の中だけでの付き合いより、ずっと人間関係が円滑になると思います。お酒が好きな会計士は多いので、ぜひ一度飲みに誘ってみて下さい（自腹でいいので）。

第6章

内部統制監査の監査対応

平成20年4月より内部統制報告制度が導入され、同時に内部統制報告書に対する監査制度も開始されました。ただ、以前から監査人は財務諸表監査の枠内で内部統制の評価をしていたこともあり、従来の財務諸表監査と内部統制監査の関係性は、経理担当者にとって理解しにくいものとなっています。また制度導入前から随分問題となっていたように、監査人と経理担当者との間で、内部統制評価の程度について温度差が生じやすいのも実情です。

第6章では、監査人の意図を理解し、スムーズな内部統制監査の監査対応を行うために経理担当者が知っておくべきポイントについて解説します。

第6章 内部統制監査の監査対応

Question 50 内部統制監査と財務諸表監査の関係を教えてください。

Answer 監査人は「内部統制監査」と「財務諸表監査」とに切り分けるのではなく、最初から一体の監査として捉え、できる限り必要な手続や結果を共有できるように計画を立案します。

――― 解　説 ―――

1．内部統制監査とは

内部統制とは、次の四つの目的を達成するために組織の全ての構成員が遂行するプロセスのことです。

- 業務の有効性・効率性を高めること
- 財務報告の信頼性を確保すること
- 法令等を遵守すること
- 資産を保全すること

また内部統制は、具体的には以下の六つの基本的要素で構成されるとされています。

- 統制環境
- リスクの評価と対応
- 統制活動
- 情報と伝達
- モニタリング（監視活動）
- ITへの対応

第6章　内部統制監査の監査対応

【内部統制イメージ】

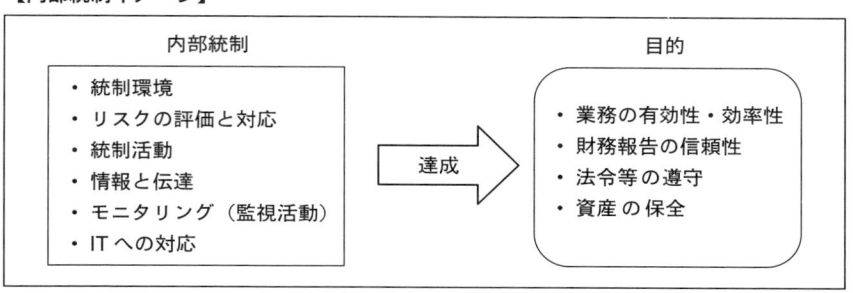

内部統制		目的
・統制環境 ・リスクの評価と対応 ・統制活動 ・情報と伝達 ・モニタリング（監視活動） ・ITへの対応	達成 →	・業務の有効性・効率性 ・財務報告の信頼性 ・法令等の遵守 ・資産の保全

　平成20年4月より上場会社等に対して、内部統制の四つの目的の中でも特に「財務報告の信頼性」に焦点を当てた財務報告に係る内部統制監査制度がスタートしました。

　会社の内部統制が有効に整備・運用されているかどうかについては、まず会社（経営者）が自ら評価を行い、その結果を内部統制報告書に記載して開示します。この内部統制報告書に記載された評価結果が適正であるかどうかについて、監査法人または公認会計士が監査を行い、意見を表明するのが内部統制監査です。内部統制監査は、財務諸表監査を行う監査人と同一の監査人が行います。監査人が同一なだけではなく、業務執行社員も同一です。これは、内部統制監査と財務諸表監査を一体として行うことにより、効率的・効果的な監査を実現するためです。

　内部統制監査において、監査人は会社の内部統制の整備・運用状況を検証する手続を実施するのですが、監査人が内部統制の整備・運用状況を検証するのは、今に始まったことではありません。内部統制監査の導入される前から、監査人は会社の内部統制を評価する手続を行っていました。

　財務諸表監査の手続を、全ての取引を対象として実施することは現実的ではなく、したがってサンプルベースで手続を行うことが前提となっています。これは会社の内部統制が有効であることを条件としています。監査人が会社の内部統制の評価手続を行い、有効に整備・運用されていることが確認できたなら、サンプルベースでの手続であってもそこで問題が発見されなければ、全体も恐

第6章 内部統制監査の監査対応

らく問題なかろう、という論理です。もちろん内部統制が有効でないと評価せざるを得ない場合もあります。そのような場合は、全ての取引を検証しなければならないこともあり得るでしょう。

このように内部統制監査の導入前からも、監査人にとって内部統制の評価手続は重要な手続でしたが、あくまで財務諸表監査の一環としての手続であったことが大きな違いです。

【内部統制監査の導入前】

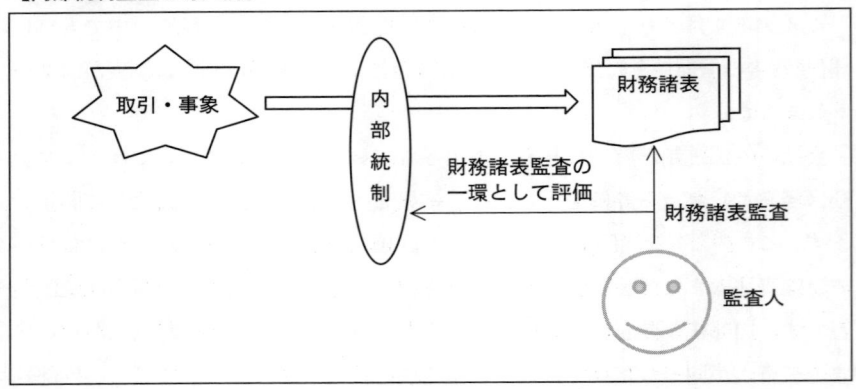

取引・事象 → 内部統制 → 財務諸表
内部統制 ← 財務諸表監査の一環として評価 ← 財務諸表
監査人 → 財務諸表監査

【内部統制監査の導入後】

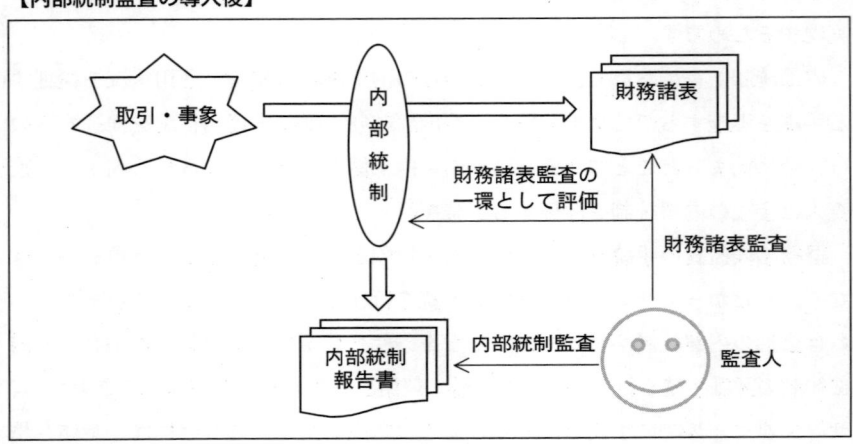

取引・事象 → 内部統制 → 財務諸表
内部統制 ← 財務諸表監査の一環として評価
内部統制 → 内部統制報告書
監査人 → 財務諸表監査
監査人 → 内部統制監査 → 内部統制報告書

第6章　内部統制監査の監査対応

2．内部統制監査と財務諸表監査の関係

　内部統制監査と財務諸表監査の相違点をまとめると、以下のとおりです。この表でわかるように、内部統制監査の対象会社の方が、範囲が狭くなっています。したがって、財務諸表監査は必要だが内部統制監査は不要、という会社もたくさんあります。

【内部統制監査と財務諸表監査の相違点】

項目	内部統制監査	財務諸表監査
根拠法	・金融商品取引法	・金融商品取引法 ・会社法
対象会社	・上場会社等	・上場会社やそれに準ずる会社 ・資本金5億円以上または負債総額200億円以上の大会社 など
監査の対象	・内部統制報告書	・財務諸表

　上場会社においては内部統制監査も財務諸表監査も受ける必要がありますが、このとき二つの監査は非常に密接な関係にあるといえます。お互い監査の対象となる書類は異なりますが、上述のとおり純粋な財務諸表監査においても、その一環として会社の内部統制を評価することが不可欠です。そこで、内部統制監査において実施した評価手続の結果を、財務諸表監査においても使用することにより、監査全体の効率化を図ることができます。むしろ、「内部統制監査」と「財務諸表監査」とに切り分けるのではなく、最初から一体の監査として捉え、できる限り必要な手続や結果を共有できるように計画を立案します。具体的には、内部統制監査でも財務諸表監査でも販売プロセスの内部統制を評価する必要がある場合、実際は多くの手続が重複することになりますので、最初から一度の手続で両方済ませてしまえるよう、手続を計画することになります。

　ところで、内部統制監査も財務諸表監査も、最終的な目的は「適正な財務諸

第6章　内部統制監査の監査対応

表の作成」にあります。そして財務諸表監査においては、その過程で内部統制の評価を行うものの、結局は財務諸表そのものが適正に作成されているかどうかについて意見が表明されます。したがって、仮に内部統制監査において会社の内部統制に重要な不備があることが発覚した場合でも、結果的に適正な財務諸表が作成されてさえいれば、財務諸表監査においては「適正意見」となります。ただし、「いずれ誤った財務諸表が作成されてしまう危険性がある」という状況であることを意味しますので、早急に内部統制の整備が必要です。

PLUS α

「以前から内部統制の評価は行っていた」、「一体の監査で効率的に実施する」とは言ってみても、やはり監査制度が一つ増えたことの影響は大きく、内部統制監査導入後は監査人の作業量が格段に増えました。その結果、多くの会社で監査報酬が大幅に増加しました。

Question 51　会社（経営者）による内部統制の評価手続と、監査人による内部統制の評価手続はどのような関係ですか？

Answer　監査人は基本的には自らサンプルを抽出し、関連資料を閲覧するなどして内部統制の評価手続を実施します。ただし、会社によって抽出されたサンプルを部分的に利用することができることになっています。

―― 解　説 ――

内部統制監査には二つの形があります。

①　ダイレクト・レポーティング

会社（経営者）による内部統制の評価結果とは別で、監査人自らが直接内部統制の有効性を評価して、その評価結果について意見表明します。

②　インダイレクト・レポーティング

監査人は自ら内部統制の有効性について意見表明することはしません。まず会社（経営者）が内部統制の有効性の評価結果を開示した上で、「その開示内容が適正であるかどうか」について、監査人が検証して意見表明します。

第6章　内部統制監査の監査対応

【ダイレクト・レポーティング（イメージ）】

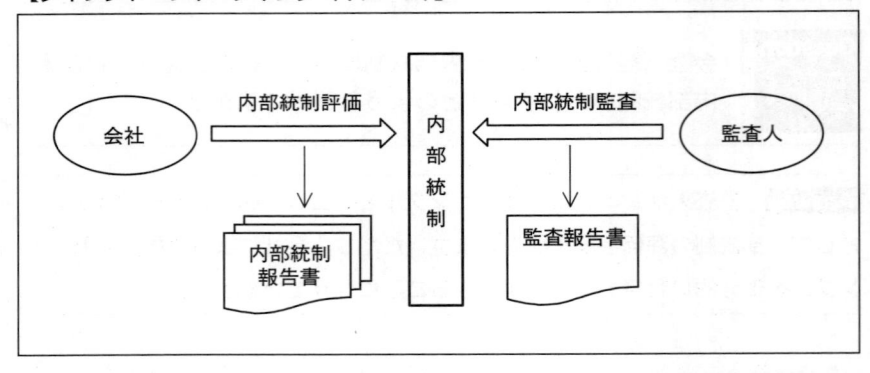

【インダイレクト・レポーティング（イメージ）】

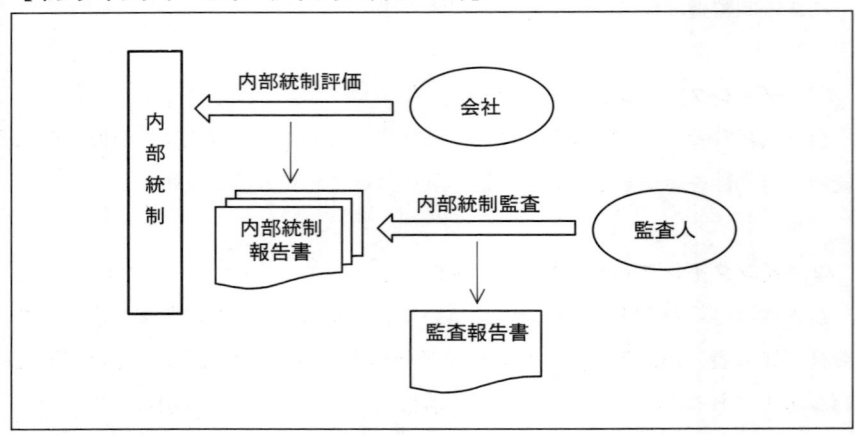

　日本の内部統制監査においては、インダイレクト・レポーティングが採用されています。したがって監査人は、自ら内部統制の有効性を評価して意見表明するのではなく、あくまで会社（経営者）が作成した内部統制報告書の開示内容が適正かどうかについて、意見表明をします。

　ということは、監査人は自ら取引サンプルを抽出して、関連資料の閲覧などにより内部統制の評価を行うことはせず、会社の実施した評価手続の調書を入手してその内容を検証するだけで済ませるのか、とも思えます。

第6章 内部統制監査の監査対応

　しかし、実際はそうではありません。監査人は基本的には自らサンプルを抽出し、関連資料を閲覧するなどして内部統制の評価手続を実施します。ただし、会社によって抽出されたサンプルとその評価結果を、部分的に利用することができることになっています。

> **PLUS α**
>
> 　監査人が、会社の抽出したサンプルとその評価結果を利用する場合、サンプルのみを利用しそれに対する評価手続は監査人が独自に行う方法と、評価結果まで利用してしまう方法とがあります。

第6章 内部統制監査の監査対応

Question 52 全社的な内部統制の監査手続については、どのように対応すれば良いのですか？

Answer まず、会社が全社的な内部統制を評価した結果としての、チェックリストを含む関係調書を監査人に提出します。その上で監査人の求めに応じて関連資料の提出や担当者への質問の手配をする必要があります。

――― 解　説 ―――

1．全社的な内部統制の概要

　全社的な内部統制とは、経営者の倫理観、組織構成、人事政策、リスクマネジメント体制、コンプライアンス体制、各種方針の策定や展開、内部監査体制など、連結ベースでの財務報告全体に重要な影響を及ぼす内部統制であって、会社全体の内部統制の基盤といえるものです。

　一般的には、会社は全社的な内部統制のチェック項目を記載したチェックリストを作成し、これを対象となる事業拠点に配布して回答を入手します。その内容について関連資料（決裁書や諸規定など）の閲覧や担当者への質問によって確認し、全社的な内部統制の整備・運用状況について評価を行います。チェックリストには通常、「財務報告に係る内部統制の評価及び監査に関する実施基準」に掲げられた42項目をベースとしたチェック項目が列挙されています。

　対象となる事業拠点は原則として全ての事業拠点が該当しますが、重要性の小さい拠点は外すことがあります。

2．監査の対応

　上記のようにして会社は全社的な内部統制の評価を行っていますので、その結果としてのチェックリストを含む関係調書を監査人に提出します。監査人はこの内容をよく吟味した上で、必要に応じて関連資料の閲覧や担当者への質問

第6章 内部統制監査の監査対応

を自ら行いますので、この手配をする必要があります。このとき、調書や関連資料を一つのファイルにまとめておくと、これを監査人に提出しさえすれば、監査人の方で必要書類を探して確認してくれるので効率的です。資料の依頼があるたびに一つ一つ提出するやり方は、会社にとっても監査人にとっても非効率であると考えられます。

また、そもそものチェックリストの内容が適切であるのか、対象となる事業拠点の選定は適切であるのか、という点について会社と監査人で意見が分かれることがあります。会社の評価手続が終わってしまってから監査人の指摘を受け、一部やり直しになるようなことのないよう、これらの点については事前に監査人と入念に協議しておくことが重要です。

PLUS α

全社的な内部統制のチェックリストの内容が、一般的な標準文例からほとんど変わっていないケースがあります。しかし、これではあまりに形式的なチェックに終始してしまいます。また、一般文例のままでは実際の手続も実施しにくいですので、会社の実情に合わせた内容にきちんとカスタマイズしておくべきと考えます。

Question 53
決算・財務報告プロセスに係る内部統制の監査手続については、どのように対応すれば良いのですか？

Answer 会社が評価を行った結果であるチェックリストやフローチャート、リスクコントロールマトリクスを含む関係調書を監査人に提出します。監査人はこの内容をよく吟味した上で、必要に応じて関連資料の閲覧や担当者への質問を自ら行いますので、この手配が必要です。

―― 解　説 ――

1．決算・財務報告プロセスの概要

　決算・財務報告プロセスとは、主に経理部が担当する月次残高試算表の作成や、個別財務諸表・連結財務諸表を含む有価証券報告書を作成する一連の過程のことをいいます。この決算・財務報告プロセスには、「全社的な観点から評価すべきプロセス」と「固有の業務として評価すべきプロセス（各種引当金、デリバティブ取引、固定資産の減損など）」の2種類があります。

種類	評価方法
全社的な観点から評価すべきプロセス	一般的には、会社は全社的な観点から評価すべき決算・財務報告プロセスに係る、内部統制のチェック項目を記載したチェックリストを作成し、これを対象となる事業拠点に配布して回答を入手します。その内容について関連資料（決算仕訳や残高試算表など）の閲覧や担当者への質問によって確認し、内部統制の整備・運用状況について評価を行います。
固有の業務として評価すべきプロセス	各種引当金、デリバティブ取引、固定資産の減損など、財務報告への影響を勘案して重要性が高いプロセスを、固有の業務として評価すべき決算・財務報告プロセスとして特定します。一般的には、特定したプロセスについてフローチャートやリスクコントロールマトリクスを作成し、これに従って関連資料の閲覧や担当者への質問を行い、内部統制の整備・運用状況の評価を行います。

第6章　内部統制監査の監査対応

２．監査の対応

　上記のようにして会社は決算・財務報告プロセスに係る内部統制の評価を行っていますので、その結果としてのチェックリストやフローチャート、リスクコントロールマトリクスを含む関係調書を監査人に提出します。監査人はこの内容をよく吟味した上で、必要に応じて関連資料の閲覧や担当者への質問を自ら行いますので、この手配をする必要があります。このとき、調書や関連資料を一つのファイルにまとめておくと、これを監査人に呈示しさえすれば、監査人の方で必要書類を探して確認してくれるので効率的です。資料の依頼があるたびに一つ一つ提出するやり方は、会社にとっても監査人にとっても非効率であると考えられます。

　各種引当金、デリバティブ取引、固定資産の減損などの固有の業務として評価すべきプロセスについては、そもそも決算作業のファイルを項目ごとに作成しておけば、これをそのまま監査人に呈示することで効率化を図ることができます。

　また、そもそものチェックリストやフローチャート、リスクコントロールマトリクスの内容が適切であるのか、対象となる事業拠点の選定は適切であるのか、対象とすべきプロセスは適切かという点について会社と監査人で意見が分かれることがあります。会社の評価手続が終わってしまってから監査人の指摘を受け、一部やり直しになったり評価すべきプロセスが追加になったりすることのないよう、これらの点については事前に監査人と入念に協議しておくことが重要です。

PLUS α

　監査人による監査手続を決算・財務報告プロセスに係る内部統制の一つと解釈しているケースが見られますが、これは誤りです。内部統制はあくまで会社内部の手続であり、決算業務に誤りなどがあった場合、社内のチェックで発見・修正される必要があります。監査人の手続の中で発見された場合は、内部統制の不備となってしまいますので注意が必要です。

Question 54

販売管理プロセスに係る内部統制の監査手続については、どのように対応すれば良いのですか？

Answer 会社が評価を行った結果である業務記述書やフローチャート、リスクコントロールマトリクスを含む関係調書を監査人に提出します。監査人はこの内容をよく吟味した上で、必要に応じて関連資料の閲覧や担当者への質問を自ら行いますので、この手配が必要です。

―― 解　説 ――

1．販売管理プロセスの概要

販売管理プロセスとは、会社の販売業務に係る一連の手続のことであり、一般的な流れとしては以下のとおりです。

【販売管理プロセスの流れ】

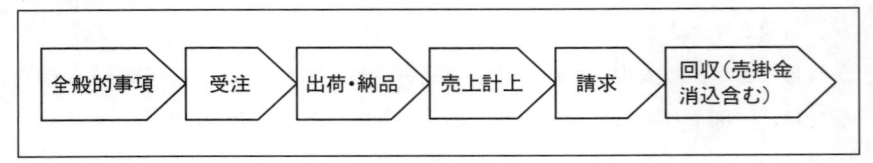

全般的事項 → 受注 → 出荷・納品 → 売上計上 → 請求 → 回収（売掛金消込含む）

「財務報告に係る内部統制の評価及び監査に関する実施基準」において、一般的な事業会社では売上、売掛金及びたな卸資産に係る業務プロセスついては、原則として内部統制の評価を行うこととされています。したがってほとんどの会社では、原則として販売管理プロセスの内部統制の評価をする必要があるのです。

一般的には、販売管理プロセスについて業務記述書やフローチャート、リスクコントロールマトリクスを作成します。これらの資料には、販売管理プロセスの内部統制を評価するにあたって重要な担当者や関連資料が記載されており、

第 6 章　内部統制監査の監査対応

またどのような評価手続を実施するかも記載されているので、これに従って関連資料の閲覧や担当者への質問などの手続を行います。これらは、重要性の低いものを除き、複数種類の事業を行っている場合はそれごとにフローチャートなどを作成して評価しますし、事業拠点が複数ある場合はそれごとに評価します。販売取引は数が無数にあるため、実際はその一部をサンプリングして手続を実施します。

2．監査の対応

　上記のようにして会社は販売管理プロセスに係る内部統制の評価を行っていますので、その結果としての業務記述書、フローチャート、リスクコントロールマトリクスを含む関係調書を監査人に提出します。監査人はこの内容をよく吟味した上で、関連資料の閲覧や担当者への質問などの手続を自ら行いますので、この手配をする必要があります。このとき、調書や関連資料を一つのファイルにまとめておくと、これを監査人に呈示すれば、監査人の方で必要書類を探して確認してくれるので効率的です。ただし、監査人は会社が抽出したサンプルとは別に独自でサンプルを抽出しますので、このサンプルに関しては改めて関連資料を集めて提出する必要があります。したがって、監査期間の前に抽出元データを監査人に渡しておき、事前に抽出結果を伝えてもらうことにより、監査期間までに余裕をもって資料を用意できるよう手配しておくことが望ましいでしょう。

　具体的な関連資料としては、販売業務規程、得意先マスター、販売単価マスター、注文書、注文受書、契約書、出荷指示書、受領書、売上伝票、請求書、支払通知書、売掛金管理表、入金伝票、各種プルーフリスト、各種エラーリストなどが挙げられます。

　また、以下のような点で会社と監査人の意見が分かれることがあります。会社の評価手続が終わってしまってから監査人の指摘を受け、一部やり直しになったり評価すべきプロセスが追加になったりすることのないよう、事前に監査人と入念に協議しておくことが重要です。

第6章　内部統制監査の監査対応

- 業務記述書やフローチャート、リスクコントロールマトリクスの内容が適切であるのか
- 対象となる事業拠点の選定は適切であるのか（新規拠点があればこれも対象とする必要があるか、検討が必要です）
- 対象となる事業の選定は適切であるのか（新規事業を始めた場合これも対象とする必要があるか、検討が必要です）

PLUS α

　監査人は、基本的に会社とは別に独自でサンプル抽出をして、独自に評価手続を行います。しかし、会社のサンプル抽出方法や評価手続が一定要件を満たしていれば、会社が抽出したサンプルや評価結果を監査人が利用できる場合があります。これはお互いにとって効率的な話ですので、事前に監査人と協議し、会社と監査人がサンプルを共有できる状況に持っていくことが望ましいでしょう。

Question 55
購買・在庫管理プロセスに係る内部統制の監査手続については、どのように対応すれば良いのですか？

Answer 会社が評価を行った結果である業務記述書やフローチャート、リスクコントロールマトリクスを含む関係調書を監査人に提出します。監査人はこの内容をよく吟味した上で、必要に応じて関連資料の閲覧や担当者への質問を自ら行いますので、この手配が必要です。

― 解　説 ―

1．購買・在庫管理プロセスの概要

購買・在庫管理プロセスとは、会社の仕入業務から製造（製造業の場合）、たな卸資産の管理に係る一連の手続のことであり、一般的な流れとしては以下のとおりです。

【購買・在庫管理プロセスの流れ】

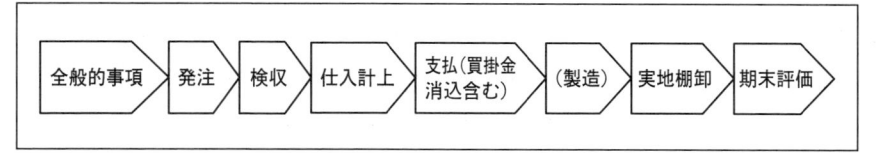

全般的事項 → 発注 → 検収 → 仕入計上 → 支払（買掛金消込含む）→（製造）→ 実地棚卸 → 期末評価

「財務報告に係る内部統制の評価及び監査に関する実施基準」において、一般的な事業会社では売上、売掛金及びたな卸資産に係る業務プロセスついては、原則として内部統制の評価を行うこととされています。したがってたな卸資産を扱う会社では、原則として購買・在庫管理プロセスの内部統制の評価をする必要があるのです。

一般的には、購買・在庫管理プロセスについて業務記述書やフローチャート、リスクコントロールマトリクスを作成します。これらの資料には、購買・在庫

第6章　内部統制監査の監査対応

管理プロセスの内部統制を評価するにあたって重要な担当者や関連資料が記載されており、またどのような評価手続を実施するかも記載されているので、これに従って関連資料の閲覧や担当者への質問などの手続を行います。これらは、重要性の低いものを除き、複数種類の事業を行っている場合はそれごとにフローチャートなどを作成して評価しますし、事業拠点が複数ある場合はそれごとに評価します。仕入取引や在庫管理業務は数が無数にあるため、実際はその一部をサンプリングして手続を実施します。

2．監査の対応

　上記のようにして会社は購買・在庫管理プロセスに係る内部統制の評価を行っていますので、その結果としての業務記述書、フローチャート、リスクコントロールマトリクスを含む関係調書を監査人に提出します。監査人はこの内容をよく吟味した上で、関連資料の閲覧や担当者への質問などの手続を自ら行いますので、この手配をする必要があります。このとき、調書や関連資料を一つのファイルにまとめておくと、これを監査人に呈示すれば、監査人の方で必要書類を探して確認してくれるので効率的です。ただし、監査人は会社が抽出したサンプルとは別に独自でサンプルを抽出しますので、このサンプルに関しては改めて関連資料を集めて提出する必要があります。したがって、監査期間の前に抽出元データを監査人に渡しておき、事前に抽出結果を伝えてもらうことにより、監査期間までに余裕をもって資料を用意できるよう手配しておくことが望ましいでしょう。

　具体的な関連資料としては、購買業務規程、仕入先マスター、仕入単価マスター、購入依頼書、見積書、注文書、契約書、納品書、検収報告書、仕入伝票、請求書、買掛金管理表、出金伝票、実地棚卸要領、たな卸資産一覧表、各種プルーフリスト、各種エラーリストなどが挙げられます。

　また、以下のような点で会社と監査人の意見が分かれることがあります。会社の評価手続が終わってしまってから監査人の指摘を受け、一部やり直しになったり評価すべきプロセスが追加になったりすることのないよう、事前に監査人

と入念に協議しておくことが重要です。

- 業務記述書やフローチャート、リスクコントロールマトリクスの内容が適切であるのか
- 対象となる事業拠点の選定は適切であるのか（新規拠点があればこれも対象とする必要があるか、検討が必要です）
- 対象となる事業の選定は適切であるのか（新規事業を始めた場合これも対象とする必要があるか、検討が必要です）

PLUS α

　監査人は、基本的に会社とは別に独自でサンプル抽出をして、独自に評価手続を行いますが、会社のサンプル抽出方法や評価手続が一定要件を満たしていれば、会社が抽出したサンプルや評価結果を監査人が利用できる場合があります。これはお互いにとって効率的な話ですので、事前に監査人と協議し会社と監査人がサンプルを共有できる状況に持っていくことが望ましいでしょう。

Question 56

固定資産管理プロセスに係る内部統制の監査手続については、どのように対応すれば良いのですか？

Answer 会社が評価を行った結果である業務記述書やフローチャート、リスクコントロールマトリクスを含む関係調書を監査人に提出します。監査人はこの内容をよく吟味した上で、必要に応じて関連資料の閲覧や担当者への質問を自ら行いますので、この手配が必要です。

=== 解 説 ===

1．固定資産管理プロセスの概要

固定資産管理プロセスとは、会社の固定資産の発注から取得、期末評価や除売却に係る一連の手続のことであり、一般的な流れとしては以下のとおりです。

【固定資産管理プロセスの流れ】

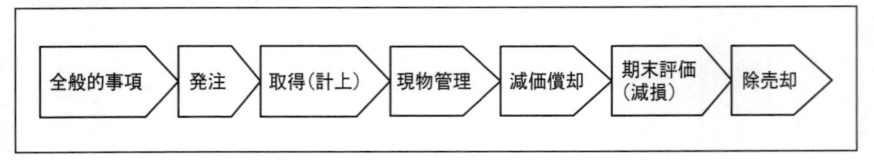

全般的事項 → 発注 → 取得(計上) → 現物管理 → 減価償却 → 期末評価(減損) → 除売却

「財務報告に係る内部統制の評価及び監査に関する実施基準」において、一般的な事業会社では売上、売掛金及びたな卸資産に係る業務プロセスついては、原則として内部統制の評価を行うこととされています。したがって固定資産管理プロセスについては、必ず評価を行わなければならないわけではありません。しかし、製造業で固定資産が財務報告に重要な影響を及ぼすと判断される会社などでは、固定資産管理プロセスの内部統制の評価を行う必要があります。

一般的には、固定資産管理プロセスについて業務記述書やフローチャート、リスクコントロールマトリクスを作成します。これらの資料には、固定資産管

理プロセスの内部統制を評価するにあたって重要な担当者や関連資料が記載されており、またどのような評価手続を実施するかも記載されているので、これに従って関連資料の閲覧や担当者への質問などの手続を行います。これらは、重要性の低いものを除き、事業拠点が複数ある場合はそれごとに評価します。このような会社では固定資産の取引は数が多いため、実際はその一部をサンプリングして手続を実施します。

2．監査の対応

　上記のようにして会社は固定資産管理プロセスに係る内部統制の評価を行っていますので、その結果としての業務記述書、フローチャート、リスクコントロールマトリクスを含む関係調書を監査人に提出します。監査人はこの内容をよく吟味した上で、関連資料の閲覧や担当者への質問などの手続を自ら行いますので、この手配をする必要があります。このとき、調書や関連資料を一つのファイルにまとめておくと、これを監査人に呈示すれば、監査人の方で必要書類を探して確認してくれるので効率的です。ただし、監査人は会社が抽出したサンプルとは別に独自でサンプルを抽出しますので、このサンプルに関しては改めて関連資料を集めて提出する必要があります。したがって、監査期間の前に抽出元データを監査人に渡しておき、事前に抽出結果を伝えてもらうことにより、監査期間までに余裕をもって資料を用意できるよう手配しておくことが望ましいでしょう。

　具体的な関連資料としては、固定資産管理規程、減価償却マスター、見積書、注文書、契約書、納品書、検収報告書、固定資産計上伝票、請求書、支払伝票、各種プルーフリスト、各種エラーリストなどが挙げられます。

　また、以下のような点で会社と監査人の意見が分かれることがあります。会社の評価手続が終わってしまってから監査人の指摘を受け、一部やり直しになったり評価すべきプロセスが追加になったりすることのないよう、事前に監査人と入念に協議しておくことが重要です。

・業務記述書やフローチャート、リスクコントロールマトリクスの内容が適

切であるのか
- 対象となる事業拠点の選定は適切であるのか（新規拠点や固定資産が重要でない連結子会社などがあれば、これも対象とする必要があるか検討が必要です）

> **PLUS α**
>
> 　監査人は、基本的に会社とは別に独自でサンプル抽出をして、独自に評価手続を行いますが、会社のサンプル抽出方法や評価手続が一定要件を満たしていれば、会社が抽出したサンプルや評価結果を監査人が利用できる場合があります。これはお互いにとって効率的な話ですので、事前に監査人と協議し会社と監査人がサンプルを共有できる状況に持っていくことが望ましいでしょう。

Question 57

内部統制の評価において不備が発見された場合、どのような対応が必要になりますか？

Answer 期末日時点で不備が是正されているのか、また是正されていない場合は重要性があるのかどうかによって、対応が変わってきます。

=== 解　説 ===

　会社が財務報告に係る内部統制を整備・評価する中で、期中に内部統制の不備を発見した場合には、期末日までにそれを是正する必要があります。監査人の手続の中で不備が発見された場合も、監査人は会社に期末日までに是正するよう求めます。

　期末日までに適切に是正したと判断すれば、内部統制報告書には「内部統制は有効である」旨を記載します。監査人もこれと同じ判断であれば「無限定適正意見」を表明しますが、重要な不備が是正されていないと判断すれば「限定付適正意見」または「不適正意見」を表明することになります。

　期末日までに是正できなかったと会社が判断した場合、期末日時点で内部統制に不備があることになります。これは期末日後に不備が発見された場合も同様です。そのときは財務報告の信頼性に与える影響の金額的・質的重要性に応じた、以下のような対応が必要になります。

① 不備が重要でないと判断した場合

内部統制報告書 （会　社）	「内部統制は有効である」旨の記載をします。
内部統制監査報告書 （監査人）	監査人も同じく重要でないと判断した場合、「無限定適正意見」を表明します。重要であると判断した場合は、「限定付適正意見」または「不適正意見」を表明することになります。

② 不備が重要であると判断した場合

内部統制報告書 （会　社）	「開示すべき重要な不備があり、内部統制は有効でない」旨の記載をします。このとき、期末日から内部統制報告書提出日までに是正措置を行った場合はその内容を付記します。また、提出日時点で是正されていない場合でも、今後の是正に向けての方針やそのための計画等がある場合には、これも併せて記載できます。
内部統制監査報告書 （監査人）	監査人は開示すべき重要な不備についての内部統制報告書の記載が適切であると判断すれば、「無限定適正意見」を表明します。ただし、「無限定適正意見」とはいっても「内部統制に問題なし」という意味では決してなく、「開示すべき重要な不備があるが、会社はこのことを適正に開示している」という意味です。ですので、開示すべき重要な不備について追記することにより、投資家に情報提供します。

PLUS α

　重要な不備があるならあると適切に開示すれば、即座に罰則を受けることはありません。なぜなら内部統制に不備があったとしても、最終的に財務諸表が適正に作成され、監査人も適正意見を表明してさえいれば、結果的に財務報告の信頼性は確保されているからです。
　ただし、重要な不備があるということは「将来的には財務諸表に重要な粉飾などが発生しかねない」状況を意味しますので、会社の評価にマイナスの影響を及ぼすのは避けられないでしょう。

COLUMN 6 会計士同士の衝突

　監査法人内部の会計士同士でも、意見が衝突することはあります。起きた事象について明確な基準がない場合、「どう会計処理するのがあるべき姿か？」というあるべき論での議論になるからです。

　私自身も一度、会社の棚卸の方針を巡って上司と衝突したことがありました。私はその会社の棚卸に実際に立ち会い、現場を見てきた上で「実質的に現状がベストだ」と実質論を主張しました。しかし上司は「棚卸とは本来こうあるものだ」という原則論を主張しました。どちらの主張にも一理あり、どちらか一方が正しいという話ではなかったと思いますが、双方かなりヒートアップしたのを覚えています。

　また、あるときは退職給付引当金を巡って社員と代表社員が衝突したことがありました。会社の主張が正しいとするA社員と、そうではないとするB代表社員が監査現場で1時間以上議論を繰り広げました。結局、B代表社員が「この話はこれで終わり！」と強引に押し切ったので、そこで結論が出たものとみんな思っていました。しかし現場を引き上げて事務所に戻り、暫くしてからB代表社員の部屋に入っていくA社員の姿が…

　「やっぱりさっきの話はおかしいと思うんですが…。」

　「もうその話は終わりって言うたやろ！」

　B代表社員の怒声が事務所に響き渡りました。それでもひるまず食い下がるA社員。プロ意識というものを見せつけられた出来事でした。また、後日他の社員から聞いたところでは、自分の意見をしっかりと主張するA社員のことを、B代表社員は高く評価していたとのことでした。

こんな風に、会計士というのは「あるべき会計処理」を日々考えている人たちです。個人的には、「どんな処理が正しいかいな？」と考えている時間が結構楽しかったりします。

第 **7** 章

個別事項の監査対応

第1章から第6章までに取り上げた事項以外にも、経理担当者にとって不明な事項は多いはずです。

第7章では、経理担当者が監査人の対応を行うにあたって、疑問を抱く可能性が高い監査上の個別事項を取り上げ解説します。

第7章　個別事項の監査対応

Question 58 連結財務諸表の監査には、どのように対応すれば良いのですか？

Answer 資料としては連結仕訳の仕訳帳や連結精算表、連結パッケージや追加の根拠資料を提出します。連結決算については監査人からの質問も多いところですので、この対応も必要です。また子会社についての質問や資料の依頼もありますので、子会社との調整役としての対応も重要になります。

――― 解　説 ―――

☆連結財務諸表作成の手順

　会社が連結財務諸表を作成する基本的な手順は、以下のとおりです。連結範囲を確定し、連結対象会社から連結パッケージを入手し、各社の個別修正仕訳を反映した上で単純に合算します。最後に連結修正仕訳を反映させて連結財務諸表を作成します。

【連結財務諸表作成の手順】

- 連結範囲の確定
- 連結パッケージの入手
- 個別修正仕訳の確定
- 単純合算
- 連結修正仕訳の確定

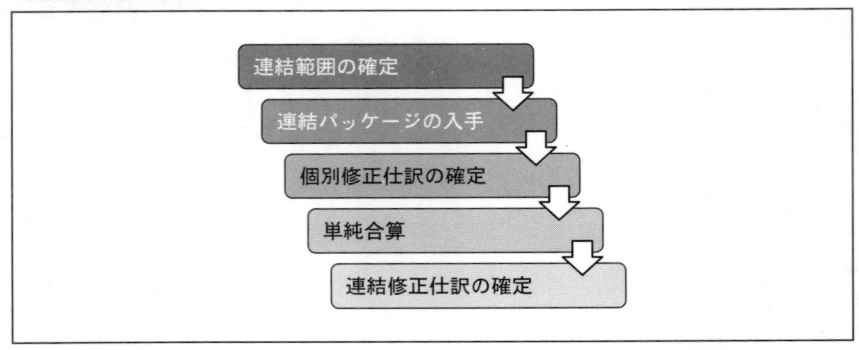

第7章　個別事項の監査対応

連結修正仕訳には、以下のような仕訳が含まれます。
- 投資と資本の相殺消去
- 少数株主損益の計上
- 取引高の相殺消去
- 債権債務の相殺消去
- 未実現損益の消去
- 連結特有の税効果計上

など

☆監査人の視点

監査人は連結財務諸表の監査を行うにあたって、主に以下のような視点で手続を行います。

監査人の視点	具体的内容
連結範囲は適切か？	会社は原則として全ての子会社を連結対象にしなければなりません。しかし、以下のような場合には連結対象に含めないことができます。 　・子会社の重要性が小さい場合 　・一時的な株の保有である場合 　など 　また、子会社の判定は単純に持株割合が50％超かどうかだけで決まるのではなく、役員の派遣状況なども勘案した実質的支配力を基準として決まるので、実務上は曖昧な部分があります。 　したがって、これらを逆手に取って業績の悪い子会社を意図的に連結対象から外すなどの行為はもちろん、単純な集計忘れなどもなく、連結範囲が適切に決定されているかどうかを、監査人は確認する必要があります。
連結パッケージの内容は正確か？	連結パッケージとは、連結対象となる会社ごとに作成される、貸借対照表や損益計算書などの他、相殺消去仕訳や未実現利益消去仕訳などの連結仕訳のために必要なデータを記入した、連結用資料のセットのことです。連結財務諸表の数値は、各連結対象会社の連結パッケージをベースとして出来上がりますので、そもそも連結パッケージの内容が間違っていると、その後の全てが間違ってくることになります。

第 7 章　個別事項の監査対応

	したがって、監査人は連結パッケージの内容が正確であるかどうかを確認する必要があります。
個別修正仕訳や連結修正仕訳は漏れなく正確に計上されているか？	連結財務諸表は、連結対象会社の財務諸表をそのまま合算すれば出来上がるような、単純なものではありません。連結グループとしての財政状態や経営成績の実態を表現するために、様々な連結仕訳が計上されます。この連結仕訳には非常に複雑なものも含まれますし、注意していないと見落としやすいものもあります。 　したがって、監査人は連結仕訳が連結パッケージやその他の根拠資料に基づいて、漏れなく正確に計上されているかどうかを確認する必要があります。

☆必要な対応
① 連結範囲について

　まずは全ての子会社を把握する必要があり、連結対象子会社もそうでない会社も含めて、全ての関係会社のリストを作成しているはずですので、これを監査人に提出します。この資料には持株比率だけでなく役員の派遣状況や取引状況など、実質支配力の判定に必要な情報が記載されている必要があります。

　また、子会社と判定された会社の中で連結対象から外す子会社がある場合、これを検討した資料があるはずです。例えば重要性が小さいとの理由で連結対象から外す子会社がある場合は、この会社が連結上の純利益や利益剰余金などに与える影響が小さいことを確認した資料があるはずですので、このような資料を監査人に提出します。

　連結の範囲については会社と監査人でよく意見が分かれるところです。「決算作業中に監査人の指摘で連結対象子会社が増えてしまい、その対応に苦労した」などということも現実にある話ですので、監査人とは早めに打合せをしておくべきです。

② 連結パッケージ

　連結決算に用いた連結パッケージを提出し、またその関連資料がある場合はそれも併せて提出します。監査人は重要な子会社については直接子会社監査に

出向きますので、そのときの監査調書と照らし合わせたり、場合によっては追加で質問をしたりして連結パッケージが正確であることを確認します。直接監査していない子会社の連結パッケージについては、前期との比較や根拠資料との突合、担当者への質問などによって正確性を確認します。したがって、監査人から依頼のあった資料の提出や質問への回答が主な対応ですが、場合によっては子会社に問い合わせたり資料の提出を求めたりすることになりますので、子会社の担当者を確認しておくことが大事です。

③ 連結仕訳（個別修正仕訳及び連結修正仕訳）

会社は各連結対象会社から集めた連結パッケージの記載情報に基づいて、修正仕訳を計上しますが、その都度別途で根拠資料を作成したり、子会社に問い合わせたり追加資料を求めたりすることがあると思われます。監査人には連結決算の仕訳帳や連結精算表（子会社の単純合算及び連結仕訳の展開表）と併せて、これらの追加資料も提出します。監査人は連結パッケージやこれらの追加資料を使って、時には質問をしながら修正仕訳が漏れなく正確に計上されているか確認します。

PLUS α

連結決算の提出資料は、可能であればエクセルなどのデータでも提出することが望ましいです。監査人が加工して前期比較資料などを作成してチェックに使えるからです。もし会社でもそのような加工データを作成している場合は、これを提出すれば喜ばれるでしょう。

Question 59 連結監査の一環で監査人が連結子会社に監査に来るのですが、どのように対応すれば良いのですか？

Answer 子会社の業種や重要性によって監査人の手続が違ってくるので、事前に監査人から、依頼したい資料や質問事項のリストを入手する必要があります。

=== 解　説 ===

　監査人は連結財務諸表の監査の一環として、子会社の監査も行います。ただし全ての子会社に出向いて手続を行うとは限らず、重要性が小さいと判断した会社については、期末に親会社の現場で連結パッケージを確認する程度で済ませることもあります。反対に、重要性が大きいと判断した子会社については、子会社に出向いて親会社での手続と同等の手続を行うこともあります。

　また、重要性だけでなく子会社の業種によっても異なります。連結グループには様々な子会社が存在します。製造子会社であれば原価計算や在庫関連の手続が重要になりますし、商社機能を担う子会社であれば売上高や売掛債権関連の手続が重要になります。また中には、グループ各社の経理機能を一手に引き受ける子会社などもあります。

　このように一口に子会社といっても、これに対する監査手続は様々ですので、事前に監査人から、提出すべき資料と説明すべき事項を記載したリストを入手することが大事です。このリストを監査人に要求することには、以下の利点があります。

- リストを作成するには、監査人としても子会社で確認すべき事項が何なのか、ある程度整理をしないとできません。したがって、親会社でわかるだけの情報を入手してそれを整理してから子会社にやってくるので、来てからの手続も効率的に進行します。
- 監査人が子会社にやってくる日数は、子会社の重要性にもよりますが、基

第 7 章　個別事項の監査対応

本的に限られています。事前に必要な資料や説明事項を確認しておけば、その日に合わせて資料の準備や子会社側の担当者の日程調整をすることができます。

　仮に何の準備もなく当日を迎える場合、監査人としても子会社で何を確認すべきか整理できていないので非効率です。また会社側としても、親会社に比べて監査の対応に慣れていない子会社でいきなり資料の提出を依頼されても、スムーズに提出できるとは限りません。また、監査人の質問に答えられる担当者がその日に限って親会社に出向いているなど、非効率なことになりかねません。

　上記のとおり、監査人が子会社に来る場合の対応は、事前の依頼事項リストに基づいて行うことが大事ですので、子会社によって大きく異なります。ただ、基本的には「子会社の各勘定科目について、親会社と同様の手続を、親会社で行うよりももっと浅く行う」というイメージです。

PLUS α

　前期の提出資料や説明事項も参考にし、監査人からの事前依頼リストに基づいて準備することはもちろん大事ですが、それと併せて、監査人が興味を示すであろう子会社のトピックについても、資料や説明の準備をしておくことが望ましいです。また、事前に監査人に報告しておく方が効率的・効果的です。

　当日初めてトピックが判明すると、結局その内容の確認に時間がかかってしまい、監査手続が予定の時間内に終了しないことがよくあります。このような場合は、別途子会社を訪れる日を設けることになってしまい、会社にとっても監査人にとっても想定外の時間のロスとなりかねません。

Question 60

会計処理で意見が分かれる可能性がある事象が生じたのですが、監査人に報告した方が良いですか？ それとも見付かるまで黙っておいた方が良いですか？

Answer 十分に準備をして先手を打つことが大事です。

解　説

　会社が活動していると様々な事象が発生します。その中には会計基準のとおりに会計処理すれば問題ない単純なものもあれば、会計基準のとおりにはいかない悩ましいものもあります。このようなとき、会社としては「このように会計処理すべきと考えるが、監査人に伝えると回答が返ってくるまで時間がかかったり、最悪の場合反対されたりするので、見付かるまで伝えない方がいいかも……」と思ってしまうこともあるでしょう。

　しかし、ここで大事なのは監査人に対しては「先手を打つ」ということです。何かあったときに、根拠となる会計基準や書籍の該当部分、他社事例などを一緒に呈示しながら「当社ではこのように処理しようと考えているがどうか？」と話を持っていけば、監査人側としても納得しやすい傾向があるのです（もちろん、このときだけ協力的になっても駄目です。普段からの積み重ねによって、そもそもの信頼関係が構築されていればのことです）。

第7章　個別事項の監査対応

【監査人への対応】

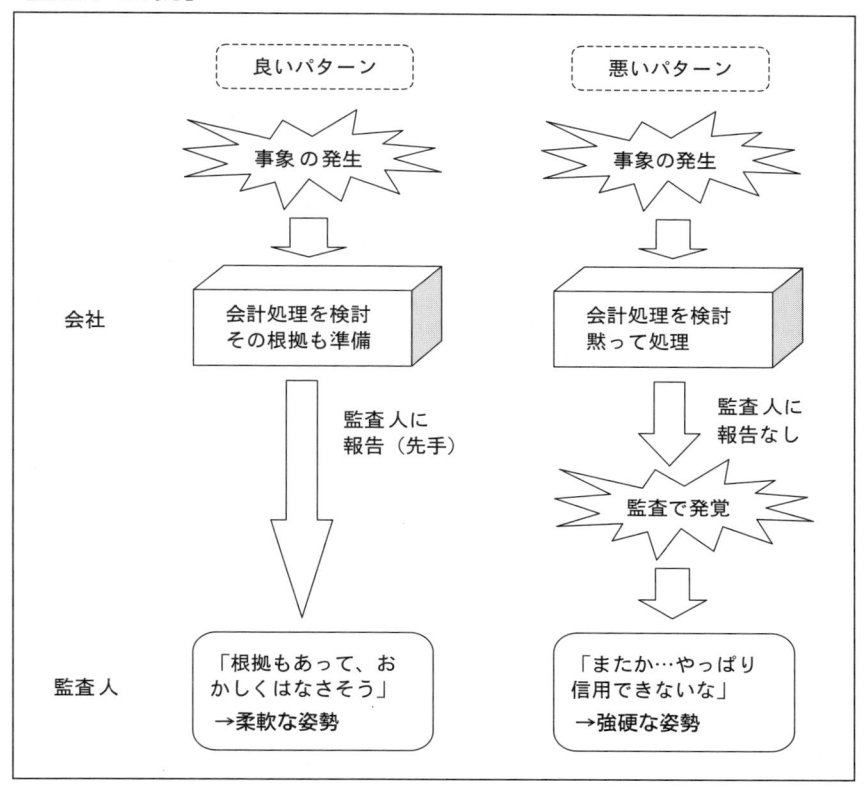

```
                良いパターン              悪いパターン

                事象の発生                事象の発生
                    ↓                        ↓
会社        会計処理を検討           会計処理を検討
            その根拠も準備           黙って処理
                    ↓                        ↓
                監査人に                 監査人に
                報告（先手）             報告なし
                                            ↓
                                         監査で発覚
                                            ↓
監査人    「根拠もあって、お     「またか…やっぱり
          かしくはなさそう」     信用できないな」
          →柔軟な姿勢            →強硬な姿勢
```

　重要な事象について会社から監査人への報告がなく、監査人が自ら発見してしまうと、やはりマイナスイメージは避けられません。先手を打っておけば承認されていたかもしれないことでも、後手にまわると必要以上に監査人の態度が硬化してしまい、反対される可能性があります。

　したがって、十分な理論武装をした上で根拠となる会計基準や書籍の該当部分、他社事例などを一緒に呈示しながら監査人に先手を打つことが重要です。

第 7 章　個別事項の監査対応

> **PLUS α**
>
> 　根拠資料としての他社事例については、監査人はその内容だけでなく以下のような点も気にすることがありますので、注意が必要です。
> ・監査対象会社が参考にしても問題ないほどの、同等以上の規模や知名度などを有する会社の事例であるかどうか
> ・その事例の会社を監査している監査法人はどこか（大手監査法人なのかそうでないのか）

第7章　個別事項の監査対応

Question 61　会計士によって違う意見を言うことがあるのですが、なぜですか？

Answer　会計基準に明記されていない会計処理については、あるべき論の話になってきますので、会計士同士での意見が分かれることは珍しくありません。

―― 解　説 ――

　監査人は、会社の財務諸表が「一般に公正妥当と認められる企業会計の基準」に準拠して作成されていることを確認します。つまり監査人の判断基準は「一般に公正妥当と認められる企業会計の基準」に準拠しているかどうかです。

　ここでいう企業会計の基準には、会計基準、適用指針または実務対応報告、実務指針またはQ&A、実務慣行などが含まれます。会社に起こったあらゆる事象について、これらの基準に従って会計処理を行うことになります。しかし、会社をとりまく事象の中には、その会計処理が会計基準や実務指針などに明記されているものもありますが、中には明確な基準も慣行もないものもあります。そのような場合は、最も近い会計基準の趣旨からあるべき処理を判断したり、企業会計原則まで遡ってあるべき処理を判断したりします。

　そもそも、現在定められている会計基準も絶対的なものではなく、時代が変われば改正されて反対意見と入れ替えられてしまう可能性があるくらいです。したがって、監査の現場において会計処理のあるべき論を検討する際に、人によって意見が分かれることは当然ともいえます。会社と監査人の意見が分かれることだけでなく、監査チーム内の会計士同士でも意見が分かれることは珍しくありません。

　一つの事象の会計処理について監査人はA案を主張し、会社はB案を主張して意見が衝突した場合を考えます。この場合、実は監査チーム内部にもB案を主張する会計士がいたのですが、監査チーム内での議論や審査部門への問い

第 7 章　個別事項の監査対応

合わせなどの結果、最終的な結論としてA案に決まった、という内情があったかもしれないのです。とすれば、会社が事前に会計処理の確認をしようと現場責任者の会計士に相談したところ、その会計士はB案派だったため、「それで良いと思う」との回答を得ていたのに、業務執行社員の会計士がA案派だったために後からひっくり返されてしまった、という事態が十分起こり得るのです。

【会計処理の意見衝突】

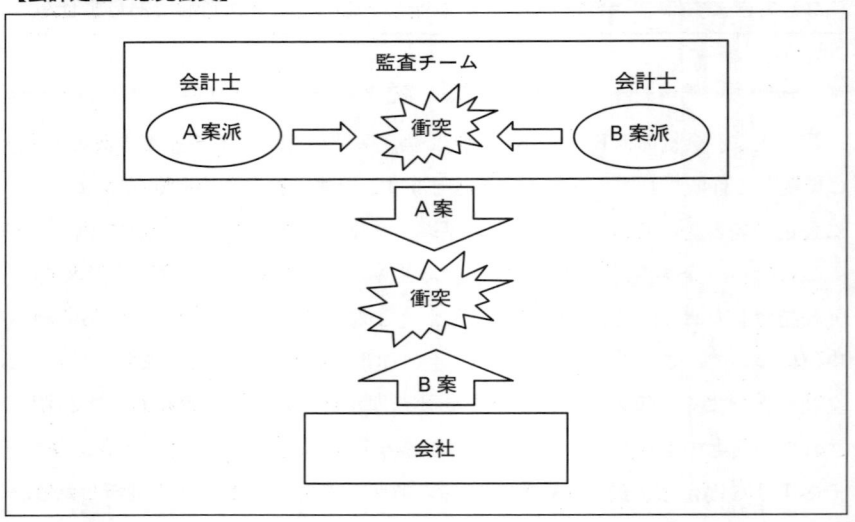

```
┌─────────────────────────────────────────┐
│           監査チーム                      │
│   会計士                      会計士       │
│  ( A案派 ) ⇒  衝突  ⇐ ( B案派 )          │
└─────────────────────────────────────────┘
                    ⇓ A案
                   衝突
                    ⇑ B案
              ┌──────────┐
              │   会社    │
              └──────────┘
```

　このような事態を防ぐために、会計処理の事前確認を行う際には、重要な事象であればあるほど監査の現場レベルだけでなく、業務執行社員まで巻き込んで、確認を行うように会社側も監査人側も注意を払う必要があります。

> **PLUS α**
>
> 　業務執行社員同士でも意見が分かれることはもちろんあります。その場合はやはり、筆頭業務執行社員（監査報告書の一番上にサインをする社員）の意見が監査チームの意見を左右します。したがって、重要な事象であるほど筆頭業務執行社員まで巻き込んで事前確認を行っておく必要があります。

Question 62 重要性の基準値という言葉をよく聞くのですが、どのようなものなのでしょうか？

Answer 重要性の基準値とは、監査の中で発見された虚偽表示の重要性を判断するための金額的基準であり、財務諸表レベル、勘定科目レベル、検出レベルと3層構造になっています。

―― 解　説 ――

監査の現場において何か検討事項が持ち上がった場合、会社も監査人も常に重要性も考慮しながら判断を行います。その中で、監査人が「重要性の基準値」という言葉を使うことがよくあります。例えば、何か誤った会計処理が発覚した場合に、会社としては重要性が小さいと判断して特に修正せずにパスしようとしても、監査人から「重要性の基準値を超えているので、パスできません。」といった指摘を受けることがあります。

実は一口に重要性の基準値と言っても、以下の三つのレベルに分かれています。

①　財務諸表レベルの重要性の基準値

監査を通じて発見された虚偽表示が、財務諸表全体に対して重要な影響を及ぼすかどうかを判断するための金額の基準です。この財務諸表レベルの重要性の基準値を超えるような虚偽表示が、修正されないままになっている場合は、監査人は不適正意見を表明することになります。

②　勘定科目レベルの重要性の基準値

具体的な監査手続の実施範囲を決定するために、勘定科目レベルで考慮すべき金額の基準です。財務諸表レベルの重要性の基準値に基づき、通常それより相対的に小さい金額で設定されます。

③ 検出レベルの重要性の基準値

監査を通じて発見された個別の事項の取扱いを判断するための金額基準です。虚偽表示が発見された場合、監査人はまず会社に修正を依頼します。しかし、検出レベルの重要性の基準値を下回る虚偽記載であった場合、これが修正されなかったとしても、「このような少額な虚偽表示を合算しても財務諸表レベルの重要性の基準値には届かない」と判断できます。したがって、財務諸表レベルの重要性の基準値よりかなり小さい金額で設定されます。

監査の現場で監査人が「重要性の基準値を超えるのでパスできない」といった発言をする場合は、この検出レベルの重要性の基準値のことを言っていることが多いです。

重要性の基準値は、監査計画立案の段階で、一般的には税引前当期純利益や売上高、総資産などの当期予想値や前期実績に基づいて算定されます。税引前当期純利益の当期計画値を用いることが基本パターンであると考えられますが、赤字の会社や利益の変動が激しい会社などについては、売上高や総資産を用いたり、当期計画値でなく過年度実績値を用いたりします。また監査の最終段階においては、計画値から最終的な実績値に置き換えて基準値を算定し、当初設定していた基準値と大きな乖離があれば見直しを検討することになります。

第7章　個別事項の監査対応

【重要性の基準値の算定（イメージ）】

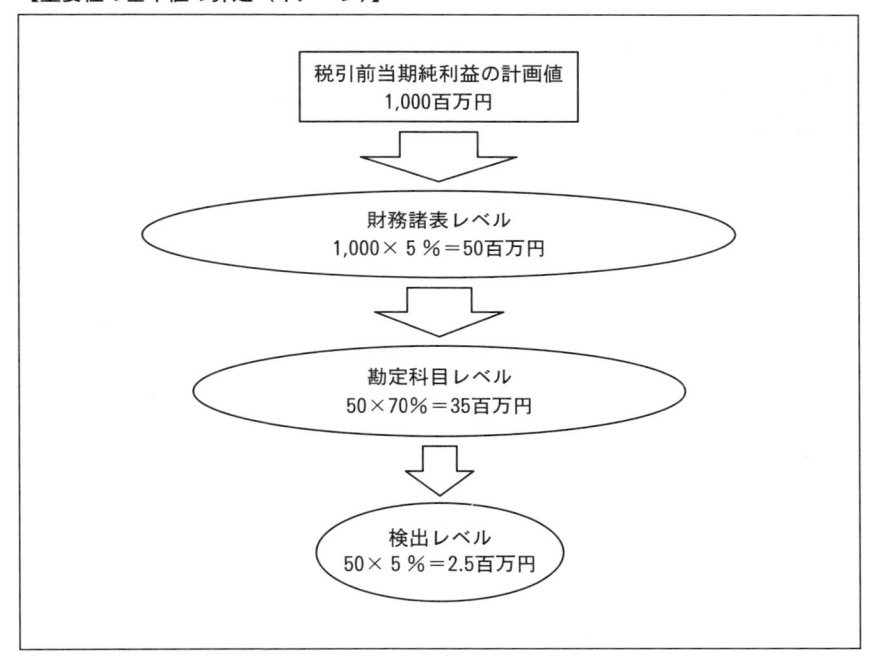

```
         税引前当期純利益の計画値
              1,000百万円
                  ↓
           財務諸表レベル
         1,000×5％＝50百万円
                  ↓
           勘定科目レベル
          50×70％＝35百万円
                  ↓
            検出レベル
          50×5％＝2.5百万円
```

※　あくまでイメージです。実際は勘定科目ごとに金額が異なったり、質的な要素を考慮して調整を加えたりするので、一概にはいえません。

> **PLUS α**
>
> 　重要性の基準値が一体いくらなのか、と会社が監査人に尋ねることがあります。しかしこれに素直に答えてしまうことは監査の手の内を教えることになりますし、「その金額以下なら見逃して貰えるということ」という良からぬ解釈をされてしまう可能性もありますので、基本的に監査人は重要性の基準値を教えてはくれません。

第 7 章　個別事項の監査対応

Question 63

「審査部門が No と言っているので認められない」と監査人に言われたのですが、どういうことなのでしょうか？

Answer　審査部門は監査人の内部に設けられた、品質管理の番人としての部署であり、監査チームと判断が分かれることも珍しくありません。

=== 解　説 ===

　監査チームは、監査を行う過程において、必ず審査員による審査を受けなければならず、最終的な意見表明を行う前にも審査員の審査を受けます。これは、会社の監査には普段関わっていない会計士を審査員として選任し、あくまで独立的立場から監査チームの行った監査手続とその結果について評価させることで、監査の品質を維持しようとする制度です。仮に監査チーム内だけで監査が完結してしまうとしたら、知らず知らずのうちに偏った判断をしている可能性もありますし、重大な見落としや勘違いをしている可能性もあります。また、特に重要な検討事項が発生している会社については、審査員だけでなくさらに上級の審査会の審査を受けることになります。この上級審査を受けなければならない条件については、監査人ごとにルールを設けています。

　審査部門はこのような審査の結果を一括管理し、全ての会社に対して適切な審査がなされているか目を光らせる部署です。したがって、審査の結果を審査部門がチェックした上で、審査内容について問題点の指摘があることもあります。また、以下のように重要な検討事項について判断を下す部署でもあります。

- 監査チームからの問い合わせがあった場合

　　監査チーム内の検討や審査員との協議でも簡単に結論が出せないような検討事項が発生した場合、審査部門に問い合わせを行い、その判断を仰ぐことがあります。

第7章　個別事項の監査対応

・組織全体としての対応を決める必要がある場合

　会計基準が改正されたときや、社会的影響の大きな事象（災害の発生や金融危機の発生など）があったときなどに、「こういう場合は監査人としてどう対応したら良いのか」と監査を行う上で非常に悩ましい問題が発生することがあります。このような場合に、組織全体としてのあるべき対応を判断し、各監査チームに通達します。

　審査部門ももちろん会社の事情を考慮した上で判断を下しますが、審査部門の判断はある意味一つの判例のごとく、他の会社の監査チームにも影響を及ぼす可能性があることから、あまり偏りのある判断はできにくく、形式的な判断になりやすい面はあります。したがって、監査チームとしては会社固有の事情を考慮した結論を導き出し、会社とも合意していたとしても、審査部門が原則論の判断をしてしまい、意見が分かれてしまうことがあるのです。監査チームとしては審査部門の判断を勝手に覆すことはできませんから、納得して貰えるよう再度説明を試みるか、従うかしかないのです。

　何か検討事項が発生した場合は、監査チームと会社が早めに協議することが必要ですが、審査部門に問い合わせる場合も早めにする必要があります。また、監査チームが審査部門を納得させられるように、会社としても必要資料の提供など十分協力する必要があります。

> **PLUS α**
>
> 　大手の監査法人になると、地域ごとの審査部門と本部の審査部門があり、本部ほど原則論の判断になりがちな傾向があります。

COLUMN 7 会計士と出張

　会計士は比較的出張の多い職業だと思います。基本的には、東京事務所の会計士は東京周辺に本社がある会社を担当しますし、大阪事務所の会計士は大阪周辺に本社がある会社を担当します。ですので、普段は出張にはならないのですが、例えば遠方にある工場や支店の監査、棚卸立会などのときに出張になります。

　また、人によっては大阪事務所に勤務しながら、東京に本社がある会社を担当することもあります。もともと大阪にあった会社が本社を東京に移した場合などに、こういったケースがあります。この場合は、本社での監査＝出張ですので、非常に出張が多くなります。私自身、大阪事務所に勤務しながら東京の会社を担当していた時期は本当に出張が多く、特に決算の時期は3～4週間連続で月曜から金曜まで東京出張でした。出張から帰ると生後数か月の長男が完全に私の顔を忘れており、軽くショックを受けたこともありました。

　出張に行くと会社の方と一緒に飲みに行くこともありましたし、そうでなくても監査チームメンバーで飲みに行くことが多かったです。私自身も周りのメンバーに酒好きが多かったこともあってよく飲みました。どうやってホテルに帰ったのか覚えていないことも数知れず。しかし、プライベートの話も含めて、色々と話が出来て良かったと思っています（一部記憶がとんでいます）。

　ただ、最近は出張に行っても夕食は別行動であったり、食事に行ってもお酒は飲まなかったりすることも増えているようです。出張に行ったら飲み会をしないといけない、などと言うつもりは全くありませんが、「監査チームメンバーが結婚しているかどうかも知らない」なんてこともあるようで、コミュニケーション不足が少々心配です。

索　引

〔あ行〕

意見衝突 …………………………………192
意見不表明 ………………………………30
インダイレクト・レポーティング …161
売上原価 …………………………………141
売上高 ……………………………………134
売上取引 …………………………………62, 136
売掛金 ……………………………………87
営業外損益 ………………………………147
閲覧 ………………………………………7, 68

〔か行〕

買掛金 ……………………………………110
会計監査 …………………………………4, 22
会計監査人 ………………………………22
開示すべき重要な不備 …………………178
会社法監査 ………………………………3, 18
外部保管在庫 ……………………………95
確認 ………………………………7, 84, 87, 110, 115
貸倒引当金 ………………………………119
貸付金 ……………………………………58, 100
貸付金の回収 ……………………………59
貸付金の期末評価 ………………………100
カットオフ ………………………………82, 136, 143
借入金 ……………………………………60, 115
借入金の返済 ……………………………61
監査 ………………………………………3, 12
監査意見 …………………………………29
監査技術 …………………………………6
監査計画 …………………………………15
監査契約 …………………………………15
監査証拠 …………………………………29

観察 ………………………………………7
監査手続 …………………………………6, 48, 76
監査手続の年間スケジュール …………15
監査の限界 ………………………………43
監査報告書 ………………………………20, 28
監査報酬 …………………………………41
監査法人 …………………………………6, 10
監査役 ……………………………………22
期間配分の妥当性 ………………………79, 109, 132
議事録 ……………………………………68
期中監査 …………………………………48
期末監査 …………………………………76
業務監査 …………………………………4, 22
業務記述書 ………………………………168, 171, 174
金融商品取引法監査 ……………………3, 4, 18
繰延税金資産・負債 ……………………102
繰延税金資産の回収可能性 ……………103
決裁書 ……………………………………68
決算・財務報告プロセス ………………166
現金及び預金 ……………………………81
減損 ………………………………………96
減損損失の測定 …………………………97
減損の兆候 ………………………………96
減損の認識 ………………………………97
限定付適正意見 …………………………30
工場監査 …………………………………70
公認会計士 ………………………………5, 11, 74
購買・在庫管理プロセス ………………171
子会社の監査 ……………………………186
固定資産 …………………………………51, 96
固定資産管理プロセス …………………174
固定資産の取得取引 ……………………51
固定資産の除売却取引 …………………53

〔さ行〕

財務諸表監査 ……………………………3, 5, 10, 159
残高確認状 ………………………………84, 87, 110, 115

索　引

仕入取引 ……………………………66, 143
資産項目の監査手続 ………………79
実査 ………………………………………7, 81
実在性 ……………………………79, 108, 132
実証手続 ……………………………………16
質問 ………………………………………………7
支店監査 …………………………………70
四半期レビュー ……………………20
四半期レビュー報告書 ……………20
資本金 …………………………………127
資本剰余金 …………………………127
重要性の基準値 ……………………193
消極的意見 ………………………………20
賞与引当金 ……………………………122
除外事項 …………………………………29
新規の貸付金 ……………………………58
新規の借入金 ……………………………60
審査 ……………………………………29, 196
審査部門 ………………………………196
スケジューリング ……………………103
税効果会計 ……………………………102
税務調査 …………………………………25
税理士 ……………………………………74
税率差異 ………………………………104
積極的意見 ………………………………20
全社的な内部統制 ……………………164

〔た行〕

退職給付引当金 ………………………124
タイムチャージ方式 ……………………41
滞留貸付金 ……………………………100
滞留債権 ……………………………90, 113
ダイレクト・レポーティング ………161
立合 ………………………………………7, 92
たな卸資産 ……………………………92, 95
たな卸立会 ………………………………92
チェックリスト ……………………164, 166

特別損益 ………………………………147
突合 ………………………………………………7

〔な行〕

内部統制監査 ……………………5, 10, 156
内部統制監査報告書 ………………177
内部統制の評価 ………………………16
内部統制の評価手続 ………………161
内部統制の不備 ……………………177
二重責任の原則 ………………………39

〔は行〕

販売管理プロセス ……………………168
販売費及び一般管理費 ……………145
評価の妥当性 …………………79, 109
負債・純資産項目の監査手続 ……108
不適正意見 ………………………………30
フローチャート ………166, 168, 171, 174
分析的手続 ………………………………7
分析用資料 ……………………134, 141, 145
法人税、住民税及び事業税 ………150
法人税等調整額 ………………………102
法定監査 ……………………………13, 14

〔ま行〕

無限定適正意見 ………………………30
網羅性 ……………………………108, 132

〔や行〕

有価証券 ……………………………55, 98
有価証券の期末評価 …………………98
有価証券の取得取引 …………………55
有価証券の売却取引 …………………56
預金 ………………………………………84

〔ら行〕

利害関係者 ………………………………12

索　引

リスクコントロールマトリクス
　………………166, 168, 171, 174
連結財務諸表の監査 ……………182
連結仕訳 ……………………………185
連結パッケージ …………………184
連結範囲 ……………………………184
ローテーション制度………………35

【法人紹介】

日本マネジメント税理士法人
東京・大阪を中心に、個人事業主から上場会社まで幅広い顧客の顧問税理士として業務を行っている。単なる「法人税の節税」「所得税の節税」「相続税の節税」ではなく、『お客様を取り巻くすべての税金（法人税、所得税、消費税、贈与税、相続税、固定資産税など）をひっくるめて一番税金が安くなる』総合的な戦略作りをサポートしている。
また、大手監査法人経験者による監査法人対応サポートにも力を入れている。

＜東京本社＞
　〒104-0032　東京都中央区八丁堀3－14－2　東八重洲シティービル3F
　TEL：03-6280-4905
＜大阪本社＞
　〒530-0047　大阪市北区西天満1丁目7番20号　JIN-ORIXビル11F
　TEL：06-6363-7686
　URL　http://www.j-ma.jp/

【著者紹介】

新名　貴則（しんみょう　たかのり）
日本マネジメント税理士法人マネージャー
京都大学経済学部卒。愛媛県松山市出身。
平成13年10月に朝日監査法人（現：有限責任あずさ監査法人）に入所し約7年間、主に会計監査と内部統制構築に従事。
平成17年6月公認会計士登録。
平成20年9月に日本マネジメント税理士法人に入所し、個人商店から上場会社まで幅広く顧問先を担当。またM&A、組織再編や監査法人対応などのアドバイスを行う。
平成22年4月税理士登録。

著者との契約により検印省略

平成24年4月1日 初版発行

Q&Aでわかる
監査法人対応のコツ

著　者	新　名　貴　則
発 行 者	大　坪　嘉　春
印 刷 所	税経印刷株式会社
製 本 所	株式会社 三森製本所

発 行 所　東京都新宿区　　株式　税務経理協会
　　　　　下落合2丁目5番13号　会社
郵便番号 161-0033　振替 00190-2-187408　電話(03)3953-3301(編集部)
　　　　　　　　　　FAX (03)3565-3391　　　(03)3953-3325(営業部)
　　　　　URL http://www.zeikei.co.jp/
　　　　　乱丁・落丁の場合はお取り替えいたします。

Ⓒ　新名貴則　2012　　　　　　　　　　　Printed in Japan

本書を無断で複写複製(コピー)することは、著作権法上の例外を除き、禁じられています。本書をコピーされる場合は、事前に日本複写権センター(JRRC)の許諾を受けてください。
JRRC〈http://www.jrrc.or.jp eメール:info@jrrc.or.jp 電話:03-3401-2382〉

ISBN978-4-419-05789-3　C3034